U0016521

你過的，是誰的人生？

如實長出生命力量的5種鍛鍊

蘇絢慧——著

自序

找到自己，才能過你想要的人生

在我生活的世界中，從小到大不乏有人看衰我。

我看過不少鄙視的眼神，彷彿指著我說：「你的生命沒有什麼好被肯定的！」也聽過從不同人口中出現對我生命的質疑：「你憑什麼？」「你以爲你是誰？做什麼夢？」「你算什麼？」

華人世界習於以輕視或貶抑，讓自我凌駕於他人之上、護衛自己的自尊，且對於「優越」有既定的價值偏好，像是智育表現要優異、家世背景要顯赫、名聲頭銜要顯耀……等等條件，才足以受人尊敬或瞧得起。

說眞的，我也知道我無法憑「什麼」，我自認沒有什麼條件可憑著；沒有可誇耀的家世背景、沒有權威勢力、沒有優異聰穎，沒有特殊條件可以證明自己是「優越的」，當然，也無從反駁種種質疑及看輕。

然而，**我的生命鮮少想過，要投入那種必須證明自己「優越」的遊戲**。

中學時期的B段班、高中時期美工技職科、大學時期就讀神學院……都不是主流的教育體系和學習機會，卻讓我有非常充分的空間和時間來摸索我自己，認識我自己。也才有之後生命的確認：明白自己生命的志向，及想畢生投入心力鑽研的專業領域。

這樣的歷程，對我很重要。我沒有迷思在競爭和拚排名的思維中，也並未被成績和分數決定我的存在價值。我只需認識：「我自己」是誰？我的「能」與「不能」是什麼？我的長處和限制是什麼？我和別人的同與不同是什麼？然後，專心做自己可以做得好、也有興趣的事。

因爲認識也明白了自己，我才能盡力發掘自己、培植自己，而不是活在他人不屑的鼻息中，內化及深信他人對我的看法是對的，跟著認定自己一無是處。相反的，我領悟了，若你總是介意著不看好你的人的神情和言語，其實也放棄了可以好好充實自己的機會。

何況，別人當然可以輕視你，那是人家的權利！這世界本來就不總是存在支持及肯定我們的人。就算他是過於自負，或自認聰明，而對你出現了不屑一顧的態度，對你有所攻擊，那仍是他的自由。你只需要「心知肚明」就好。但是，放在心上，不是爲了反覆深化對這世界的仇恨，而是要讓這份輕視，轉化成你支持自己的動力，和對自己無條件的愛。

然後，也別浪費時間去追逐那些，喜以輕視、貶抑來護衛自尊的人的認可，因爲他的人格不會那麼容易改變。即使你已漸漸拉開與他的距離，也漸漸有自己的天地，但是一有機會，他還是會趁機踩你一腳。所以，別輕易讓烏煙瘴氣再次薰害你。離開那種會折損你的人，是你雙腳的自由；爲心靈保有良好的清淨空間，是你的責任。

如果你始終存在一個執念：「一定要得到別人的肯定，才能相信自己值得肯定」，那麼，這個總是等他人來評價的執念，會讓你成爲一個「討好的人」，也會讓你一直提心吊膽，擔心別人的不認可和批評，而損害了內在的力量。

你從來不敢由自己來肯定自己，自然也無法相信自己「夠好」，以至於你必須不斷追尋他人的認同及肯定。他人一有反對的眼神、批評的口氣，你就立刻陷落挫敗深淵，反覆責問自己：爲什麼總無法讓別人滿意？爲什麼這麼努力、這麼付出了，那些人還不願肯定你的好？

你若無法覺察，自己是如何「不把自己視爲『完整獨立的一個人』」，總是依附著他人的贊同和認可，你就無法眞正開始，長出承擔自己生命的力量。

當我們還給自己身爲「一個人」的自主及權利，我們也才能眞正有力量給自己，從內在長出力量，爲自己的生命負責及承擔。

如果你一直抗議、埋怨他人的壓制或否定，並且不斷以行爲去和對方抗爭、拉扯，這也不是眞正懂得承擔自己的生命。這仍是把自己放在「幼小孩子」的位置，任由殘留的幼兒性格作祟，再次重演因爲渴望不到父母、長輩的認可，而要著孩子脾氣，以頂嘴或是生悶氣的方式，向那些你在乎、重視的權威人士「討愛」「討肯定」「討滿足」。

一個能獲得肯定的人生，是一個能承擔自己生命的人生。即使沒有功成名就、光宗耀祖，單單因爲我們「懂得承擔自己的生命」，願意爲自己的所作所爲負責，我們就值得一份肯定。

當然，你也可能事事都能做到讓人滿意，也確實擁有讓人稱讚的成就，諸如名聲、地位、學位等等社會條件，但是，如果這些都是照著別人的要求或是標準而做，沒有你自己的思想、意志、意願，你所過的人生，也只是「別人認爲好」的人生。是「別人要的人生」，而不是眞正屬於你的。

你懂了自己的心，懂了自己的意願和喜好，懂了自己眞正想過的人生，你的人生，也才眞的能由你來創造、來實現。

如果，你一直不知道自己是誰、不知道自己想要什麼，你又如何確知，你過的人生，眞的是你要的人生？又怎能讓你確實感受到自己的內在力量？如何能從內心深處肯定自己，爲自己感到實實在在的榮耀和心滿意足？

你的存在，一定有屬於你的力量和能力，足夠讓你付出，完成自我的生命實現。然而，唯有你眞的挺了自己，充分信任自己，你的內在力量才會發生效力，滋養自己的茁壯。

這本書，是由你的勇氣召喚而來，來到你生命中。**透過理解「害怕做自己的20個因爲」，與「如實長出生命力量的5個所以」，誠實面對自己、認識自己；如實接受自己的痛苦，如實解決自己的問題。**

當我們願意誠實與自己面對面，我們就不必討好全世界，只需做真實的自己，忠實支持內在的自己成長、茁壯，讓生命的力量，完整合一地活出來，完成屬於自己想要創造的人生。

一封信，給19歲的我

親愛的：

你的信裡說，你很不快樂，日子過得很不好，你總是揮不去自己生命是場錯誤的念頭。你想著，既然不能決定要不要來到這世上，總能決定要不要活在這世上吧！

生命對你來說是難以承受的沉重，而這樣的沉重卻有好長的一段日子無人能分擔，也無人能理解。你不止一次懷疑，你會帶著痛苦與悲傷走到生命的盡頭，你看不到任何救贖，也不相信會有任何安慰。

生命，只是一場荒謬罷了，你是這麼認為的。

你問，究竟要痛苦到什麼時候呢？為什麼不能拒絕不想發生的事呢？又為什麼生命像被詛咒似的，總要注定被遺棄、被傷害。你不明白，為什麼你不能做一個樂觀開朗的人，為什麼悲傷與痛苦總如影隨形跟著你。

我多麼慶幸你願意和我談內心這些痛苦的感覺，當你願意給我機會回應你，我相信你的內在是何等地想「活下去」，並且想要活得好，所以你試著再給自己多一次機會，來化解痛苦。

這些年，我一直潛心了解，何以一個充滿痛苦與不堪的生命，會讓人痛苦與難堪呢？為什麼痛苦難堪的生命不能獲得人們接受；為什麼無法平心靜氣、不需附加太多解釋，安然接受這是生命過程？

我漸漸體會，人們有多恐懼遭受悲傷不幸的事，越是恐懼，就花越多的力氣去迴避。但許多事既是事實，也是不能討價還價的，於是玄之又玄的方法，改命、改名、改風水，只要能除去那些無以對抗的無助感覺，都成為一線生機。卻抹滅了自己能為自己努力、學習、探究及歷練的力量。

我知道許多時刻，你是真的想放棄自己。你認為沒人會在乎你生命的存在或消失。你找不到自己，心裡疑惑著存在的意義，也懷疑自己的價值。你不知道，對存在意義的疑惑，是成長必經的道路，是每個生命都要面對的課題。你就是想放棄……

痛苦是一種奇妙的感覺，痛苦讓生命停滯，也吸取所有的動力，讓人像一灘死水，只剩孤寂與癱軟，看不見任何光亮。

但是，你決定給生命多一點時間，給自己更多鼓勵。我想，能繼續走下去，除了你一身的傲骨之外，還有你的信心與盼望。

你總是願意相信，痛苦經歷只是生命暫時受烏雲覆蓋，其實，烏雲之上仍有太陽，你相信生命有一天必能撥雲見日，你盼望看見陽光照進生命，讓生命光亮起來的那天。

於是你勇敢了起來，希望解除痛苦，決定在渾沌不明中走入許多人害怕的黑暗裡——誠實面對深層的內心，那被廢棄與遺忘已久的地方，你知道那裡堵塞淤積了太多的傷痛，無法照進一點光。

沒有人知道那一片黑暗之境的地圖，連你也不知道，那裡究竟藏有什麼。你給了自己勇氣，下定決心，盡最大心力學習正面迎向痛苦，好看清楚一切堵塞物、障礙物究竟是什麼。

然後你寫了信給我，說是要給自己時間學習，還說既然連死都想過了，就想要知道，可以怎麼活著？

你的決心讓我有了力量一探究竟。對於生命的痛苦，經過二十多年的歲月，我有些新的眼光與體會。我想許多的痛苦來自於比較，看著別人所擁有的，感嘆著自己所沒有的；羨慕著別人的生命全是好處，懊惱著自己的生命承受許多難處。當我們越覺得自己命不好，而越做一些符合自己「不幸角色」（受害角色）的行為時，我們也就越相信自己的生命是卑賤的，是不受眷顧而微小的，天地之間無人在乎。最後自己也放棄在乎。

當我越長大，開始懂得將只注視自己的眼光，轉向我之外的環境看時，我發現，痛苦是普遍性的經驗，是許多人都具有的感受，只是每個人的型態不同。

有些人遭受被遺棄的傷痛、有些人則受失親之苦，有些遇到難以平復的不公之苦，或面對難以克服的貧窮困境，還有許多人終日忍受羞辱之苦，甚至在死亡威脅中掙扎度日。

痛苦的感受總讓人對生命失望，感覺只有自己一人獨留黑暗中。這是種私密度很高的感受，只有自己知道，就像喝進肚子裡的水冷暖自知，任何人難以從一個人的外表去察覺或體會他痛苦的程度，除非他自己說出來。即使他說了，我們也很難全然經驗他所感覺到的為何。那麼，覺得全世界只有我一個人得不到幸福、只有我不幸的想法，是沒有意義的事，你可能以為只有自己受苦、什麼都沒有，而別人過得很好、擁有一切，卻不知他也正遭遇、承受你所不知的痛苦。

羨慕別人的生活常來自於我們的想像，來自內心對於想要的生活的渴望，與無法擁有的失望。每個人的生命總有他所要面對的痛苦，不需比較誰的生活好，也不需比較誰的痛苦較大。痛苦既然發生在個人身上，是個人的知覺裡感覺到的，就代表它的確令你苦惱，也代表對你個人而言是具有意義的；你的身體、心理與靈魂對這事件產生了痛苦的反應，若沒有看清楚引起反應的來由，沒有理解自己的意識脈絡，相似的事件再來時，仍會產生類似的感覺與意念。

這不斷產生痛苦的源頭，就會成了生命往前走的堵塞物與障礙物了。童年流離失所、摯愛的父親常不在身旁，讓你備感艱辛，可說是生命最早年的創傷。你的確容易感受到痛苦，好長一段日子，你咒詛痛苦，質問它：為何不離去？為何挑上你？

過了好長好長的時間之後，你所不明白的、憤恨的，卻是現在的我所慶幸的。我著實慶幸自己有段痛苦的經歷，真真切切覺得，那段痛苦的經歷是生命的厚禮，讓我真正的認識了自己。讓我從脆弱、貧乏的自我中，踏實領悟到：愛自己，不是外求而來，而是從內在長出接納自己的力量，並樂意看見自己的成熟。

你一定難以相信，原來時間可以讓人體悟許多事，也可以讓人學習許多事。記憶中，以前你常憂悶地說著：我注定一生要痛苦，我只配得痛苦與折磨，活多久就要痛苦多久。

這是我想對你說的，人對於沉痛無解的困難，或百思不解的問題，常會說：「我完蛋了，我沒有出路了。」其實不是出路沒有了，是你對自己沒有信心，不知道自己究竟是誰，也無從知道生命的蛻變究竟會不會實現。

我希望你能相信，人終究能「學會」，人也具有潛能，人還有追求美好價值的傾向。所以當我們願意開展視野，更多元地認識世上存有的現象，觀看人的各種生命經驗，漸漸地，我們對於自身生命的看法會改變，對於原先困住自己的困難、問題的解釋會有所調整。當初在意的、看不見的因素，想不到的因果關係，可能都會透過新的眼光來認識，從新的角度來理解。

但要讓自己產生新眼光、擁有新角度，需要改變與學習，這不會憑空發生的。

你有一段生命的歲月很倔強，也很固執，只相信自己心中所經驗的殘酷世界。因為害怕與人辯論，也不善表達，你的經驗無法與任何人交流，也無法核對是否有所偏執、是否失真。經驗是每個人真實的感受，人認識世界、認識自我的方法，的確是從自身經驗出發。但我後來發現，人的眼光、看法易於受扭曲；易於因內在情緒衝擊太過劇烈強大，在無機會處理、澄清的情況下，扭曲了事件發生的經過，也誇大自己當下記住的感覺，然後在往後的日子裡不斷強化這些感覺。

久了，無論發生什麼，不管情況是不是一樣，那早已扭曲的熟悉感覺，會像是裝有自動啟動裝置，馬上在心頭浮現。

我知道你不是故意這麼想、這麼做的，而是過去的你視野有限，不知道看事情的角度可以有很多層面、很多角度。你成長的生活環境，無法提供不同而有建設性的學習方式，整個國家、社會與家庭常常只有一個標準，只要求某一種表現，除了這表現之外，其他的表現都不具任何價值，也不被認可。

你當時的社會氛圍與教育孩子的方式，不准孩子自由思考，也不准探問，一切行為都有規章與準則。選擇「不同」就會遭受很大的質疑，你得拚命為自己解釋，不然就是退回自己獨有的世界，不再爭辯、表露。

這真的很可惜，個體不能深刻認識自己的性情，也不能探究自己的思想與未知的世界。不只不能以創意對待生命，也不能對群體有所貢獻與回饋。

還好世界在進步與開放，我們才得以逐漸學習許多方法，修正原先的認知。

我真的很高興，你當初堅持下去，選擇相信生命自有出路，生命也回報你努力投入的學習及鑽研。

如今，我想好好的對你說：我愛你。這份愛超越你的父母親對你的愛，是與你同在，懂你、理解你，並如實接納你的愛。你曾為生命付出、奮鬥的，都讓我感受到生命的恩典及慈悲。**在你重新給生命機會的那一刻，就給了現在的我存在的可能**。我相信是你對我的愛，讓我現在的生命，因此感受到全然不同的世界。

謝謝你。讓我好好擁抱你。我接受你，不需要他人的條件及認可。你是我，我是你，我們一起往前走，直到我們與未來的自己，相遇的那天。

愛你的絢慧

二〇一六年三月，初春

目錄

自序 找到自己，才能過你想要的人生 003

一封信，給19歲的我 009

Chapter 1 爲什麼我總在人際關係中受苦及失望？

因爲——模糊混淆的人我關係，模糊了我，模糊了你 022

因爲——討好性格，來自對關係的依賴 032

因爲——無止境的恐懼和不安全感 039

因爲——從未體認過他人的「好意」 046

因爲——非做「好人」「乖孩子」不可 054

Chapter 2 爲什麼我要做自己，卻如此不安？

因爲——你，從未是你 064
因爲——缺少自我認同及自信 073
因爲——總是看自己爲不好 081
因爲——犯濫的自責與罪惡感 090
因爲——強烈害怕被拒絕及排除 102

Chapter 3 爲什麼「愛與被愛」對我來說那麼難？

因爲——崩壞的親子依戀關係 112
因爲——又愛又恨的矛盾情結 125
因爲——學來的「怪罪」及「指責」，損害著關係 133
因爲——控制及依賴，都不是親密關係中的愛 141

因爲——抗拒自立，難以有愛的能力　149

Chapter 4 焦慮、憂鬱、煩躁、憤怒，爲何總跟著我？

因爲——想隱藏缺愛內心小孩的焦慮　164
因爲——總害怕自己是「錯誤」的沮喪　174
因爲——強悍，絕不能輸的性格，讓你無法調節情緒　185
因爲——壓抑，無法有眞實的情感　196
因爲——害怕分離的焦慮　205

Chapter 5 勇敢，創造你要的人生

所以——溫柔對待，比要自己堅強更有力量　214
所以——建立以愛爲基礎的人生，而不是恐懼　218

所以——以涵容，接納別人對你的失望 221
所以——完成自己，勇敢轉化 224
所以——完整「是自己」！過你要的人生 229

為什麼我總在人際關係中受苦及失望？

我們都戴著面具生活，時間久了，面具就成為了我們生活的一部分。

——安德列．柏瑟姆

因為——模糊混淆的人我關係，模糊了我，模糊了你

我曾跟你一樣脆弱

我從小在打罵的環境中生活，不懂得維護自己的身體界線，以為別人只要不高興，就可以打我或傷害我。
很長的時間，我不知道怎麼保護自己，從他人的言語、肢體來的傷害，我只能默默忍受。
我甚至讓自己忘了呼吸，以為只要停止呼吸，我就不是「我」，那就感覺不到痛了。

很小的時候，我們不被允許在自己與別人之間劃出「界線」。
還是嬰兒時，我們需要安全感及信任感，卻必須忍受隨意被碰觸，任人抱來

抱去，一旦表達出不舒服，周圍的大人會說：「你眞難搞。」「眞難帶！」「眞不乖！」

到了兩三歲，開始想要確立自己的所屬物時，你的玩具、被毯、娃娃……卻可以被隨意丟棄、被換掉、被要求分享。如果你說「不」，表示你的主控權，你會遭來一陣教訓及怪罪，說你「小氣、不大方」「很奇怪」「無理取鬧」。

也會在冷不防的時候，被推出去要求抱抱陌生阿姨、叔叔，或給這些根本不知道是誰的大人一個親親……如果轉頭拒絕，不抱不親，就會被說成不可愛的小孩，不討人喜歡、不好親近。

等到再大一點，進入了作息訓練的階段，開始得要按表操課、遵照規範，聽從家庭安排。

從小，你只需要學會「聽從」，卻很少學會自主。你的日子，被放進很多你不知道要不要的東西，卻鮮少知道自己「要什麼」。

你不知道自己「要什麼」。不知道自己想要努力做什麼、現在究竟爲何而努力。因爲你從不曾眞正擁有自己的生命空間、獨立的思考意志，沒有自己的渴望嚮往和主張信念。

你只知道要自己不要犯錯，不要惹麻煩，不要惹惱他人，卻不知道，自己眞正能掌握的，究竟是什麼？

甚至他人拿你的事到處講，彷彿你的代言人，總是爲你發言，或老是把你的話截斷，替你把話說完……你也是無能爲力的，無法開口爲自己要的「尊重」發聲。

你說，這些你都知道，但你好像「什麼都不能做」。你的做不到，來自你太怕被排除，太怕被說「我們不要你」，怕要經歷自己的孤獨。所以你什麼都不敢反應，不敢說不。

你寧可僞裝一切都ＯＫ，無論別人如何對待你。

當我們的內在不允許自己有力量，我們就難以面對外界。一味要求自己好脾氣、好說話、好相處，那麼「界線」就難以存在，難以確實保護自己、愛護自己。

深層心理對話　無法劃清界線的真正理由

捫心自問，爲什麼你這麼害怕與別人劃出一條界線？

因爲，那會勾起起許多複雜的情緒，矛盾而難解。

「劃清界線」的感覺，會勾起你過去「被排除」的記憶——那種不知道自己爲何被拒絕、被忽略、被置之不理的情結，讓你深深難過、覺得受傷。

所以，你害怕讓別人難過受傷，總是勸誡自己：拒絕與不理會，是一件多麼令人傷心的事。

害怕讓人受傷的莫名罪惡感，總是綁架你，讓你無法爲自己的眞實感受，給出明確的表示。於是，在模糊的互動中，你繼續承受那些你不喜歡的對待和要求，一逕順應。爲了能迴避掉面對別人失望、受傷的眼神，你寧可不表態。模糊，讓你的恐懼及罪惡感，找到了一絲喘息的空間。

如果你無法認出自己過往受過「被排除」「被拒絕」的傷痛，就會持續被傷痛引發的防衛機制——「過度的罪惡感」驅使，抗拒接觸那一份傷痛，以爲只要從此不再感覺到痛，就沒事了。

抗拒觸摸眞實的痛苦之餘，你把自己的傷投射在別人身上，認定別人和自己一樣無法承受被拒絕、被忽略的感受，認定他人一定也會很難過、很失落。

還沒轉化成熟的個體，的確往往無法承受他人的拒絕，感覺挫折、失望，甚至因羞愧而感到憤怒。

然而，沒有一個人可以一直靠他人來滿足、供應，取得內心的情緒平穩。

將自己的情緒歸咎於他人能否順我的意、能否滿足我，否則我就會情緒起伏，易怒沮喪，並且以此來要脅他人配合及服從。這無疑是對他人的一種控制、勒索。

人的情感交流及情感連結，不是透過要脅控制得來的，不是「工具化」某一方，使他必須不斷提供滿足，而另一方只需強化自己的依賴及控制。

這是殘留的幼兒性格，到了成人關係中，就成了想要擁有一個總是無微不至、永遠滿足他的理想照顧者。如此，這個個體就可以繼續不需要學習，不需要努力調適現實世界，不需要費力碰撞，更不需要接觸他所恐懼接觸的事物。只要有一個人總是不拒絕我、總是重視我、滿足我，那我就安全了，就可以獲得一處避難所，安棲在裡頭，不管外面的風暴或殘酷究竟如何，只要有這個人在就好。

如果，你因為無法辨識出自己「被排除拒絕」的傷痛，而將傷痛投射在一個冀求依賴、汲取滿足的人身上，永無止境被汲取、被要求，被指控給得不足，不用多久，這段關係就會開始充滿混淆不清的指責、怪罪，及糟糕感受的烏煙瘴氣。

你要對「你自己」的傷，負責。他人也要對他的傷，負責。而不是透過你對他人的「拯救」或「彌補」，你自己的傷就會好。而你極力避免他人再受傷的過程，他人內心的傷，也從未眞正能好。

療傷，要每個人深入「自己」的內在。觸摸、撫慰自己的痛苦，理解這一份痛苦的經歷與感受，才是療癒的開始。

你可以這麼做　學習讓「不同」和平共存

改變過去人我關係界線混淆不清的狀況，需要學習釐清的是：不再把「我的」「你的」「他的」傻傻搞不清楚。

那種因爲害怕有所分別，害怕遭排除、隔離的內在恐懼，讓我們什麼都不敢，也沒有辦法溝通清楚、整理清楚。

混淆成一團，讓我們以爲可以迴避「現實的殘酷」，或是以爲混淆不清就是「感情很要好」。

如果，一個人沒有辦法接受成人的世界裡，現實的殘酷必然存在、有講求公平互惠及責任承擔的原則，或是，無法承受這世界不是「以自己爲中心」，照著自己的期待、渴望，給予自己溫情及呵護，那麼這一個人，也將無法眞正的進入成人世界。

他將恐懼現實，認定現實就是殘酷無情，並且抗拒面對事實，寧可退化、停滯在幼兒性格，以「幼兒的心態」解讀世界、判斷他人，並反應在行爲和情緒感受上。

例如：總是把錢視爲「現實」，若要把錢算清楚，或是要把錢的問題弄清楚，就認定是「傷感情」，是「破壞關係」。

錢，是複雜成人世界的一種象徵。如果我們抗拒處理錢的問題，也抗拒接受生命中的渴望、需求無法完全脫離金錢，我們抗拒的是自己已是成人，也拒絕承認這是成人世界必須學習處理的生活問題。

情感的處理亦是。在成人的世界裡，並不是我不停耍賴、不停地要、不停地哭喊要人家給予滿足，另一個人就必須失去自主意願地，不停地給、不停供應，並受支配與控制。

每位個體都有存在的權利，都需要對等的尊重，在此前提下，人與人的關係，需要的不是控制與支配，而是溝通、討論、協調等等歷程。不是由誰主導、由誰順應的「權力不對等關係」。

這些面對現實社會的能力，是我們進入成人世界很重要的學習及歷練。一方面，不再透過孩童時代那些講不清楚的感受、說不出所以然的「自動化反應」，胡亂地在人我關係裡反射。另一方面，那些過往在家庭環境中，不允許可以有主體感受、主體思維、主體行動選擇權……等等的「被剝奪經驗」，也不再任其發生，或將那些剝奪經驗複製到他人身上。

若你否認每個人都有自己的主體，否認人與人之間就是會有所不同，你越否認「不同」是眞實存在於世界的現象，你就會越想要努力地維持「同」，以爲只要都相同了，分不出你我了，就表示感情濃烈，並且就能因爲那種分不清楚你我的緊密感，而讓自己覺得處在「聯盟」裡，不會再感到孤單。卻不知道，這是一種「吞噬」；吞噬彼此的個體性，吞噬彼此的成長空間，吞噬各自生命生長所需要的條件、機會及可能性。

害怕分離、害怕有所分別的失落感及空虛感所形成的依賴關係，勢必將關係中的兩人，帶進死蔭窒息的關係泥沼。因爲一旦沒有維護彼此獨特性的界線存在，那麼無邊無際的併吞、占據及控制，就會無法抑制地發生。

所以，開始練習接受你的不同，也開始練習接受他人的不同。開始學習接受差異的存在，學習如何讓這些不同能和平共存。不再因爲有所不同，而複製那些聲嘶力竭的指控、攻擊，也不再陷落在害怕被拋棄及遭受排拒的想像情節中。

如果你將他人的不接受及不認同，視爲一種拋棄及拒絕，恐怕在內心深處，你，才是最拒絕自己，也最不認同自己的那個人。於是，你難以再招架從外在而來的不接受及不認同。

長久以來一味求同，以爲自己就可以被接受了，然而，你以爲的救贖，並沒有發生，反而證明了你仍是一個該被排除與拒絕的人。

這豈能不令你哀傷、心碎呢？

因為——
討好性格，來自對關係的依賴

我曾跟你一樣脆弱

父母太早消失在生命中，讓我以為，我天生就不被喜歡和接受。
我以為只有討別人喜歡，只有讓別人高興，
我才可以在他人身旁，不會被忘記，
也不會再經歷任何人的遺棄。

你忘了，從什麼時候開始，只要在關係中，你就自然而然想要讓別人喜歡和滿意。只有讓別人喜歡和滿意，你才會感覺到自己的存在有價值。

尤其，當別人表現不喜歡、不滿意，就會馬上引發你的焦慮及不安，好像你是一個很有問題的人，很麻煩，讓人嫌棄。

你的潛意識總是不自覺地湧現出一些零散的畫面。那是在童年時期，大人用惡狠狠的、冷漠的眼神，對著你說：「如果不乖乖聽話，就不要做我們家的小孩。」「我們家，沒有這麼差勁的小孩。」

有些時候，你一做錯事、不符合他人要求，大人嘆氣、瞪你一眼的不耐煩神情，就會在你腦海裡閃過。

你搞不清楚究竟爲什麼，這些畫面會一再自動浮現？你就是會瞬間不安、恐懼，深怕自己會被嫌棄、被丟掉，被視爲不該存在的垃圾、沒用的東西。

那種會「被丟掉」的感覺，簡直要你的命，彷彿亮起紅色危險警戒。一種讓你窒息的痛苦感猛然襲來，腦袋裡轟隆隆的聲音響起，聽不清楚外在的聲音，也聽不清楚自己內在的聲音，只感覺到自己突然被移到另一個時空，看得見周遭卻感受不到。

然後，你會立刻道歉，馬上說對不起，要對方別生氣、別失望、別拋棄你。接著，大量承諾脫口而出：你會努力改進；你會盡力辦到；你會照著對方的意思做，不再有疑慮，不再有個人的想法及感受。你甚至會以哀求的口吻討饒，只要對方不要離棄你、不要排除你，不要對你失望，你什麼都願意聽對方的。

你是不是曾經看見自己這樣的姿態？看見自己的哀求及討饒？你可曾在這一刻連結到自己的感受，覺得自己可悲堪憐？

你的討饒，正是一種討好，以弱者的姿態，要對方不要傷害你、遠離你，不要棄你於不顧。在你的認知裡，你是沒有能力和力量去選擇關係的。只要有人「要」你，你都謹慎小心、戒慎恐懼，避免別人對你厭煩，最後遺棄你。

所以，你只能努力討好、迎合，努力的把自己摒棄，只求可以委身在關係裡，這樣就可以獲得讓你安心的依附，不用感覺到只有自己一個人的孤獨感和無助感。

你害怕獨立、孤單一個人的感覺，所以無論如何，你都要緊抓關係，依附在另一個人身上。只要有人「要」，就能證明自己不是垃圾、不是廢物，不是被人失望唾棄的那一個。

深層心理對話　從無助到恐懼

當我們是小孩子的時候，因爲身體弱小，體能有限，還無法靠自己一個人生存，免不了得依賴在身邊照顧我們的大人。

在這個時期，身邊無論是怎樣的大人——不管有沒有照顧能力，慈愛或冷漠、理智或暴力，我們完全無法選擇要或不要，只能緊緊依賴著他們。他們存在，我們才有機會存在。他們不離開我們，我們才能夠安全。

這是小孩子時期的我們，對重要照顧者所產生的依戀情感。爲了確保生存得到保障，獲取情感的安撫及關注，即使這重要的照顧者情緒不穩定、若即若離，或是出現暴力及傷害行爲，對一個小孩而言，他只能承受、忍耐，即使無助、恐懼、痛苦，爲了能活下去，他什麼都得接受下來，說服自己這沒什麼。不然能怎麼辦？

這是我們對於「無助」的初次體驗。體驗到「無助」的年紀越小，我們就越被無助情緒束縛、綑綁，過早經歷「無助」的人，也是過早經歷「恐懼」的人。除了情緒綑綁及限制行動能力，恐懼的情緒，也常會引發許多不合乎現實感的「恐怖想像」，例如：「一旦沒有了他，我就死定了。」「那件事若發生，一定可怕極了，我絕對無法承受。」「如果他不要我，我就再也沒有活著的意義……」

平常習慣性壓抑的無助及恐懼，只要相仿的情境一出現，就會像是觸碰到深埋的地雷一樣，瞬間爆發，將自己炸得魂飛魄散。

如果內在只住著一個「孩子」的靈魂，當我們遇到情緒爆發的情況，或是經歷到無助及恐懼時，我們的內在無法有另一股力量，來安撫照顧、陪伴引導。我們只能任憑內在的小孩驚慌失措、沮喪崩潰，卻絲毫沒有安頓自己的方法。除了忍受這些不舒服，強壓這些痛苦情緒，別無他法。只能咬著牙關，靜待黑夜離去，直到下一次再度爆發……

你可以這麼做　不要急著消除恐懼

你記得嗎？幼年時，你還沒能眞正了解發生什麼事。若是失去一個依靠的對象，確實會令你驚慌、無助和恐懼。因爲你還小，沒有半點辦法靠自己活下去，你需要大人的存在。

但是，如今你已經不同了。身軀長大了，力氣也大了，處世方法也隨年齡增長而有所精進。你已不是過去時空中的無助小孩，只能任憑環境傷害及挫折。

除了意識上要確實明白，你不再是那個「害怕被丟下」的小孩之外，在潛意識裡，你也要能與你的恐懼及焦慮共處、共存。不要試圖急切地，消除恐懼、焦慮的不舒服感覺，**因為當你急切想消除那些不舒服的感覺時，你會立刻奔向你想依賴的人，會希望透過依附在和另一個人的關係中，讓自己以為自己是安全的、有人要的，不會被遺棄的**。

於是，你會不顧一切捨去自己，討饒、哀求，希望對方不要離開你，好讓你繼續依賴在他的身邊，渴求他的關注和愛惜。即使，這可能性相當微小。

只要一被恐懼及焦慮綁架、壓制，**你就幾乎不會相信，自己能有獨立的勇氣和力量**。

你會以爲，一旦靠自己獨立，就會慘遭懲罰、排除，甚至責備與嘲諷。那些你兒時被驚嚇的經驗，會毫不遲疑說服你，這一切都是眞的；你毫無能力，你只會被驅逐、被丟棄，你將會過得很可憐、很不幸、孤伶伶，沒有人聞問，也沒有人關心。甚至會被取笑，誰叫你自以爲是。

眞正讓你動彈不得，對自己失去信心的，是那些被你壓抑到潛意識的恐懼及焦慮，而不是你理智所知道的事實（你已經長大了，有獨立行動的自主和自由）。

所以，請這樣爲自己改變，**不要放棄告訴自己：「我已不是過去無助、恐懼的我**，過去的我遭受過許多恐懼及擔心，因爲我確實能力不足，也弱小。但是，現在的我，懂得如何照顧自己，懂得爲自己分辨什麼才是對自己良善的事。照顧、保護自己，**我不再交給他人，期盼他人來滿足和負責**。我願意好好擔負起照顧及支持自己的責任。我有意願和權利，先爲自己的福祉著想，好好努力。」

因為——無止境的恐懼和不安全感

我曾跟你一樣脆弱

記憶之初，我所認識的世界，冷酷又殘忍。

他們告訴我，沒人愛我。

還告訴我：「如果不聽話、不乖、惹麻煩，那就不要你了。

連你的父母都不要你，你還不好好看人臉色？」

你總是心慌慌的，任何你從來沒有接觸過的事情，你都先認定自己「做不到」「做不好」。在未跨出第一步前，你會盡一切可能地想：所有最壞、最糟的情況，都會發生在你身上。

你非常習慣「先想起來放」。想著失敗時，可能出現的所有嘲笑；想著他人對你不以爲然的上下打量；想著人家肯定在背地裡等著看你失敗。然後，你會想起所有過去所經歷過的挫折，心裡想著：「沒錯！我從小到大都是如此，總是被看笑話，總是被別人嫌惡地說，我總是搞砸、做不好。」

別人總在你搞不清楚怎麼回事的時候，狠狠踢你一腳，落井下石地說：「早跟你說過了，你還是這樣……」

或是有人不耐煩地破口大罵：「你是哪裡有毛病？一定要把事情搞成這樣，才會高興？」

那種鄙棄你是十足敗類、惹人厭角色的斥責，讓你像驚弓之鳥，不知道從哪裡，在何時，又會射出一支支無情之箭，刺得你遍體鱗傷。

你很想跟上這個世界的腳步，也很想迎頭趕上他們的步伐，但是你眞的不明白，爲什麼好像所有的嫌棄和意見，總是不停朝你而來，彷彿你的感受一點都不重要。在他們眼中認定你是不及格、不符合標準的，甚至說你的存在好奇怪。

沒有人知道，你常常一個人在黑夜裡哭，在獨自一個人回家的路上，你深鎖眉頭，不明白，是這世界的規則和方式，對你太困難？還是，是你太不知道如何應和別人？以至於總是那麼被挑剔，被歸類爲「麻煩之人」。

你其實很沮喪，也很痛苦，因爲沒有人可以一直承受被排斥的感覺，卻不以爲意。只是，好像只能說服自己：「隨便，我不在意。」卻無法有足夠的內在信心，告訴自己：「我只是和別人不同，不表示我不好，不表示我沒有資格存在於世界上。」

在還未能完整接受自己時，我們就是無法心平氣和「做自己」。也無法氣定神閒地「允許」自己的不同、「允許」自己可以有存在的位置。我們就是如此辛苦，繼續忍受，說服自己：「不要介意，不然能怎麼辦？」

深層心理對話　是「你」選擇了在乎的對象

停止再追逐那對你不以爲然的人的認同了，也停止用盡心力摸索他想要的標準，來討好他。

那是你幼年時的陰影；總是聽著大人的標準，聽著他們對你不滿意，而感覺到自己的不好，和不值得存在的不安。

你內化了他們的標準，內化爲你唯一的價值觀，以爲只要達到了、符合了，他們就會對你鼓掌，讚賞你的努力。

而成年後，那些對你不以爲然、不滿意的人，總是喚起你的不安及恐懼，於是，你就如小孩時期一樣，要自己盡力符合要求，讓對方沒話說，這就是你「解決」不安及恐懼的方法。

其實，你有沒有注意到，**是你選擇了要在乎的對象，也是你選擇了要關注那些對你不以為然的人**。

如果，你的內在沒有設定那個程式，這些人又怎麼會如此觸動你的情緒，引發你的反應？

所以，別再拚命追逐與滿足對方，而是停下來，回過頭來看看自己，眞心地問：「你做得不夠嗎？你不盡力嗎？你難道不覺得累，不覺得辛酸嗎？」

然後接著問自己：「你的感覺不重要嗎？」「你難道不值得被善待嗎？」

對自己能保持關愛的情感，我們才能在內心對自己有了慈悲，有了友善的連結。

如果對自己不聞不問，一遇到他人不滿意的反應，恐懼不安就立刻鋪天蓋地，讓我們忙亂迷失，那麼，情緒的風暴必然反覆吹襲，使我們失去方向，混亂得不知道自己究竟是誰。

你可以這麼做　把心中那些「過去的人」請出去

如果，你緊抓著早年「失敗」的記憶，接下來，人生將會自動化地「失敗」，如此才符合你對自己的認定與設定。

當你無條件地相信自己時，「相信」會回饋給你力量，推你一把，使你往實現自我的方向行動。

然而，爲什麼相信自己這麼難呢？因爲那是我們人生早年生活裡非常缺乏的經驗。早年（特別是五歲前）所經歷的生活經驗，我們幾乎不會有任何懷疑，無法透過個體的篩選，決定我們要什麼經驗、不要什麼經驗。這一切都受到個體的家庭環境和教養方式影響。

如果早年生活環境充滿負向語言和負向的情緒，像是不斷以嫌棄或指責的態度，對個體的情緒反應、想法和行為，表現出批評和辱罵，以一種洗腦式的方式要孩子接收「你不好」「你很笨」「你很煩」「你問題很多」「你很壞」……孩子就會不加思索（無法有分辨能力）地全盤接收，並且深信不疑。

儘管後來，成長過程中有許多機會可以讓個體知道，他其實不是一無是處，有天賦優勢或是很棒的能力，但他的早年生命經驗，會難以鬆動地說服他：「你不好」「你很笨」「你很煩」「你問題很多」「你很壞」，更可能使他變本加厲地認定自己：「沒資格」「沒能力」「沒價值」。

你要覺察，你是如何持續地認同過去那些傷害你、辱罵你、貶抑你的人，持續讓那些「過去的人」掌控你的生命，掌握最大的權威。他們始終在你的心中，無法被你「請」出去，你如此習慣地授予他們絕對權威，接受他們言語及對待的方式，支配、恐嚇、威脅甚至辱罵你。除了在心中壓抑所有的不甘心及憤怒，扭曲成委屈和受害情緒，你絲毫不敢也不認為，你才是自己生命的權威，才是生命的主人，而非他人的奴婢或僕人。

請還給自己生命的權威和主人身分。**拿回你對自己的認同和承擔**，你才能真正的

「是自己」，實踐你想要的生命景象。

你害怕的「變」，讓你以爲是一場失控，一種你難以承擔的壓力。但是你要認眞而專注地思考，「不變」難道眞的壓力比較小？眞的比較不失控？

難道不是一種慢性的崩塌和侵蝕，正在發生？

而改變的契機，第一步就是「自覺」，仔細覺察思維的改變，覺察思考習慣。你的思考模式或許一直將你習慣性地帶進絕境，而不自知。

因為——
從未體認過他人的「好意」

我曾跟你一樣脆弱

我曾不認為我值得被好好對待，不相信我可以獲得好的照顧。
小時候的經驗總告訴我，別人對我的好，我必須謹記在心。
然後，我會被要求回報更多的聽話和服從，
這才是一個懂事、不會被討厭的孩子。

有一種人，深信這世界沒有善的存在，唯有惡，才是這世界的眞實。
他拒絕一切可能出現的關懷或善意，不相信他人會出於眞誠而給予或付出。
如果有人表示在乎和關心，立刻會引發他的不安和懷疑，除了認爲自己沒有什麼值得被重視、他人的關注可能是別有目的之外，爲了鞏固他認知中這個世界的惡及僞善，他必須持續搜尋他人的忽略、背叛及辜負，以此強化他所認爲的：這世界只有惡，利用、欺騙、背叛、傷害，這才是世界的樣貌。

而活在絕對惡的世界的人，對他人的關懷和付出無動於衷。但只要稍稍不如期待，就會引發強烈的受辜負感及受辱感，並且懷著恨意想要對方爲此付出代價。

也許，對我們大多數的人來說，我們的世界沒有這麼強烈的善惡對立，我們可以明白，每個人都有讓人喜歡，也有讓人討厭之處；每個人身上有我們認同，也有我們不能認同的部分。進入這個眞實的世界，就是需要學習與這些看起來不同、有差異，甚至對立的各個部分，尋找可以相處的方法。

但是，也許我們可以有多一點自我覺察，在這個世界，你關注的事或情況，是善意的多？還是惡意的多？你內在的解讀，是正向肯定的多？還是負向否定的多？你心中留住的感覺是感謝及受眷顧的多？還是怨恨及受忽視的多？

你不難明白，同一件事，每個人都會從自己的角度看待，形成自己的觀點和詮釋。而這些觀點和詮釋，正是來自我們內在系統所具有的知識、經驗、感受、人格所投射出來的觸發及連結。

當我們所認爲的世界、所認定的他人，都以過去經驗來詮釋和解讀時，我們除了執意深信自己過去的認定外，也再一次否定「現在」可以獲得的新經驗、新發現。

如果，過去，在你的早年經驗裡，你總是承受他人的惡意，並且被施予殘酷無情的對待，在你還無法眞正明白究竟是怎麼一回事前，你只能忍受那些攻擊及傷害，在莫名其妙中，不懂爲什麼情況總是針對你，那些咆哮、辱罵、批評，甚至懲罰，將幼年的你，置放在一個無能爲力抵抗，也無法解救自己的狀況中，讓你認定了攻擊、傷害和羞辱是長期存在的，幾乎時時刻刻在發生。

這樣的你，即使長大了，那早年的生命經驗，還是會在你腦海裡不斷出現，不斷提醒你，小心這世界的殘酷和無情。

深信必須提防這世界的你，也會理所當然將這世界的好意及善良，解讀爲虛假及僞善，如此，才能符合你對世界的設定，也才符合對自己遭遇的認定——那些不幸和痛苦的經驗，都來自這世界的惡。

把這世界及他人視爲惡，才能把自己視爲「好」及「正確」的一方，也才能摒除自己身上任何有汙點、有問題的存在。

這種「我好，你不好」不然就是「我不好，你好」的心理，把我們和他人的關係，放在競爭、敵對，和輸贏的兩端上，像坐在翹翹板上，上上下下、下下上上，反覆拉扯，也反覆受傷。當然，人際關係，只徒留許多比較、對立、壓制，很難經歷到關係中的安全感。

這樣的心理歷程，怎不讓人在人際關係中受苦，精疲力竭呢？

深層心理對話　仇恨及憤怒，不過是恐懼和悲傷的替代

個體心理學創始者阿德勒曾說：「所有煩惱都來自於人際關係。」在人際關係中的我們，經常難以感到放心，難以自處，也很難找到與他人互動的平衡。

幼年所經歷的不安全感，讓你不容易相信現在的自己已經有能力面對衝突、不和諧。過往記憶裡，你看見了他人的巨大，感受到自己的渺小。你無能爲力，只能不斷在心中告訴自己：「這世界很殘酷、很冷漠。」

你要自己無論如何，一定要記得這些遭受到的殘酷和冷漠，同時，爲了避免被

吞噬，你要自己不能與那些惡劣的人同流合汙，保持戒備，防止那些利用、欺騙、背叛、殘酷，再次讓你受傷，再次讓你深陷絕境。於是，你要自己小心再小心，不放過任何感官的偵察：眼睛看的、耳朵聽的、心裡感受的，你都要自己敏感察覺，仔細提防。

不論是什麼樣的關係，你都很難眞正信任，也無法感受到存在的安全。而關係中的他人，對你而言，都是隨時對你出手、對你造成不利的人。

任何風吹草動，都能引發你的神經線，你讓自己持續緊繃，對抗著外界，無論究竟迎面而來的是什麼訊息。

我不會說服你必須相信這個世界有純粹的善良和好意，因爲人類的傾向就是相信自己過去的經驗爲眞，沒有人可以忘卻過去的經驗，特別是悲慘及傷痛的經驗。再怎麼天眞地想要相信這個世界，否定這個世界上的殘酷，這個世界仍是存在著屬於它的非善和惡劣。若是不願意認清現實，拒絕經歷眞實，那麼「天眞」也可能是出於自我麻痺與逃避。

所以，重要的不是說服自己只相信善、否認惡，而是爲自己找到善惡的平衡。

無論是善或惡，任一方的偏頗認定，都將使我們的內在傾斜失衡，而被否認存在的一方，也將在壓抑漠視許久後，形成反撲的力量。

更重要的是，相信善與惡都存在。停止因爲過去的遭遇及經驗，先入爲主「判斷」現在發生的情況「又」如過去一樣，總是欺壓、控制、攻擊與傷害。然後，深刻地面對自己的恐懼，還有深層的悲傷。那些受苦與受痛的過去，讓你陷落在難以自拔的仇恨及憤怒中，然而仇恨及憤怒，不過是恐懼和悲傷的替代。

眞實地看見過去的恐懼和悲傷，承認及接納恐懼和悲傷的存在，我們才能不再因爲內心深處的傷痛，自動化地引發所有防禦警備，而錯過、誤解了他人的好意。

你可以這麼做　體會每個人都有他能力範圍內的「好意」

好意，對我們生存在這世上很重要。

好意，讓我們感受到自己不是孤立的存在，感受到溫暖關懷。

好意，能讓我們內心經驗到希望和支持。

試著想想，長期的委屈、孤單，還有挫折、憤怒，不正是來自體會不到任何好意嗎？然而，他人的一句：「你不能……你不可以……」，可以讓我們聽到否定及批評，卻也可以讓我們聽到關懷及擔心。

或許，他人所呈現出的行爲，不是我們認知裡的「好意」，但就他的立場和位置所看出的角度，有沒有他心裡多少存在的「好意」？

好意，並不一定完全照著我們所期待的方式呈現。如果單看行爲來判斷，恐怕沒有「完美的好意」。要感受的，是對方的心意，是對方所傳遞的溫暖之情，和爲你付出的一份關切。

在這世上，沒有人有義務滿足我們的期待，即使是父母親，也無法完全照著我們理想中的樣版給予我們所要的對待和照顧。

每個人，既是獨立的個體，也是有生命歷史的個體。他的用語、他的性格、他的習性、他的經歷，都在呈現他自己。

我們無法控制他人或世界，都如我認爲的「應該怎麼對我」。你只能看見在他的能力範圍內，在他有限的知識和資源內，對你做了什麼，又爲何選擇這麼做。

如果你好好感受他人在什麼樣的能力範圍和條件下，才會有眼前的舉止和決定，並給他一點關切或幫助，你會驚訝地發現自己開始感謝，同時能體會到自己正在被「善待」，被「看見」，甚至是被「支持」。

然後，停止再轉頭回看那些過往的委屈和憤恨。

那些委屈和憤恨，有它們過去存在的理由和原因，但那是過去的時空所經歷的。

請容許如今這個時空，可以有這個時空的經驗及發現。這才是我們活著的意義。

因為——
非做「好人」「乖孩子」不可

我曾跟你一樣脆弱

好長的時間，我以為我很壞、很糟糕。
因為我沒有值得讓人肯定的地方。
我努力追趕，想成為別人口中的「好人」和「乖孩子」，
我以為，只要做到「好人」「乖孩子」，
就會有人愛我了……

媽媽總是對還小的我們說：「要乖！如果不乖，我就不愛你了……」
爸爸可能也會說：「乖一點兒，不乖，就不要當我們家的孩子……」
在我們聽到這句話的年紀，還沒有能力思考這句話究竟是什麼意思。我們也無從

得知，這句話裡面隱含多少來自親情的控制，希望我們能在掌控中，不吵、不哭、不鬧、不惹麻煩。

雖然根本不清楚這些話是否眞的來自「他們不愛我了」，卻已讓內心深處陰霾密布：「如果我不乖，不聽話，不是父母讚賞的孩子，我就不配做這個家庭的孩子。我就不會是被愛的孩子。」

於是，我們開始「討好」，以各式各樣大人肯定的行爲來獲取愛，確保我們不被排除嫌棄。也試著猜測該怎麼做、有哪些表現，才會被稱讚、肯定，然後拚了命地展現那些行爲和表現。

被排除與被嫌棄，我們都不陌生。在我們還那麼小的時候，最怕的事，就是被恐嚇「我不要你了」。這種排拒的語言，是孩子內心世界最可怕也最令人無助的話。

聽到「我不要你了」「我根本不想要你」「你再不聽我的話，我要丟掉你」，孩子除了驚嚇恐慌，最大的擔憂就是：「我隨時都會被拋棄。」

這無疑在內心深處種下了不安全感的種子，也埋藏了自卑、否定自己的情緒地雷，等著後來生命歷程的引爆。

被父親或母親排拒及厭惡，對生命個體而言，都是痛苦而悲傷的經驗。那種把你視爲「不好」，不斷強調自己的「好」及「優秀」的父母親，讓你經歷了他們不曾經歷的挫折感。爲了避免這種挫折感，只能拚了命符合要求：聽話、照著話做、執行所有任務，不想再聽到否定和嫌惡。卻又反覆在被否定及失望的神情中，感受到不安、害怕，而焦慮著究竟該怎麼辦，才能眞正讓對方滿意？才能眞正「屬於這個家」？

你是否曾看見，過去的自己是如何在驚嚇中把自己的雙手雙腳綑綁？寧願失去自由自主，也不想失去那看似是保護，其實是囚禁的牢籠？

沒有孩子不渴望父母親的愛。也正因爲如此，當父母親無法對我們施予愛時，才會令我們如此痛苦不安。同時，又讓我們執念著非要不可，而無法離開。

所以，有人被要求了一輩子，也被否定了一輩子，卻無法眞的將自己和父母親的生命清楚切割。

儘管越期待就越失望，依舊努力成爲父母親心中想要的完美孩子，渴望父母親獨一無二的專屬的愛，即使已然傷痕累累。

深層心理對話　做真實的自己不可能迴避陰暗面

想做一個「好人」「好女人」「好孩子」「好××」，是無意識地把傳統文化標準內化了，意味的是做一個沒有脾氣感受、沒有個人意願主張、沒有自己喜惡價值觀、沒有權力拒絕的人。

一生追求「好人」「好女人」「好孩子」的匾額，換來的卻很可能只是你更被看輕，被漠視主體性，彷彿所有人都比你重要，比你值得關注和回饋，而你只受到更多越界的侵犯和剝奪。

一個沒有主體——沒有主體的意願和選擇的人，往往就是人們認定的「好人」。但是，「好人」的無聲與默然，甚至寂寞、孤單，有誰在乎呢？當所有人只認定他要給、只能給、必須給，卻從來不關切他的感受和想法，到最後，除了給予「好人」的評價外，其他關於他的情感、思想和渴望，有誰知道？有誰了解？

當我們想要當傳統價值觀裡的「好孩子」和「好女人」時，往往要求自己，要符合外界對我們的好的看法、好的評價，不要讓人家有話說，不要讓別人有微詞、不滿意，那表示我們被嫌棄，被視為「不好」。

但是，你要明白，真實的人，不會只有完全好或完全壞。如果我們傾全力要人看見我的好，肯定我的好，我們就會隱藏自己認為他人不接受也不喜歡的面貌，假裝自己沒有。這就成為我們活著最辛苦的時候。

如果我們要做真實的自己，就不可能迴避自己的陰暗面，只一味強調光明面。光與陰影皆存在，有光就有影，一體兩面。完整接納了自己，我們才可能真正開始以「我」接觸世界。否則也只是活在形象中，或盔甲裡。

你可以友好，但你也會攻擊；你可以慈悲，但你也會冷漠；你可以包容，但你也會排斥；你會努力，你也同樣會怠惰；你可以面對，你也會逃避；你會欣賞，同時你也會批評；你會給予，你也會吝嗇。

這都是你的一部分。而你不接受的部分，你恐懼著他人會發現，也排斥接觸有同樣特質的人。

當有人指出你身上難以接納的自己的樣貌時，你慌亂、惶恐、害怕、不安、憤怒、沮喪，因為你多麼想擺脫，想「不是那樣的人」。那些人，怎麼可以這樣說你？

怎麼這麼努力了，還有人否定你，在背後說三道四？

其實別人說你，多半是他的投射和解讀，和眞正的你無關。但是你眞正要面對與承認的，是你內心發生什麼？你是否眞正懂自己、明白自己？你對自己的反應，是否有所洞察與理解？

這些對眞實自我的探索與整理，都比在乎別人如何判斷你，甚至誤解你，來得更重要、更寶貴。

你可以這麼做　做自己的掌權者

不再要求自己「當好人」。不再不顧自己的感受和權利，只照著他人的指令和要求活著。那是將自己視爲沒有生命力的工具，把自己當作滿足他人的物件。

眞實的人，不是只活在「好」及「善」的自我要求中，而是活在「人性」中。深刻理解自己的「人性」，才能眞正成爲自己的掌權者，不被自己的人性操控、左右。懂得掌控住自己的人性，了解人性的後果及代價，才能眞正知道自己何事可爲，何事不可爲。

眞實而健康的關係，不會要求你單方面維持「好人」的形象及面貌。不會有一方絕對握有權力，支配另一方滿足及供應，才肯給予「好××」的評價，否則就批評、否定，埋怨對方的辜負自私。眞實而健康的關係，不是控制與被控制的關係，也絕對不是支配與被支配的關係。

沒有能力建立眞實關係，也沒有能力眞實互動的人，才會停留在「角色」「任務」「責任」的要求和制約中，讓自己避免出錯，讓自己避免惹怒別人而發生衝突。

無法懂得如何處理衝突和差異，就只能停留在自我約束和凡事妥協的角色裡。但是，若是眞實地覺知自己的內在，接觸到自己的感受，就會知道凡事妥協或自我漠視，將累積多少失落、委屈和悶氣。

當我們無法充分感知自己，也就無法充分爲自己選擇，更無法爲自己承擔。若我們無法充分體認自己是誰？有什麼感受？有什麼需求？有什麼反應？我們就會毫不遲疑將自己推出去，爲了避免被排拒，而無盡地給出自己，去滿足別人。

失去自主性，也失去可以選擇的權利，人，怎麼可能會不受傷、不受苦呢？又怎麼可能會活得滿意呢？

若你執意當個好人，渴求「好人」的評價，或許你要深入看看自己，在要求自己當好人的背後，有多少恐懼，是來自於你害怕被否定，也害怕被挑剔、指責？而這些恐懼，又有多少正是來自你童年時期所遭遇的否定及排拒？或是批評？

面對童年遭受的排拒之傷，真正接納了自己，你才可能還給自己一個選擇的權利及自由。

每個人，都值得擁有真正的自己，也都擁有自由權利和意志，當你充分體認自己的權利，也承擔自己生命的責任，那麼，你的價值與評價，就不再由他人來決定。

為什麼我要做自己，卻如此不安？

你能為其他人做的最大善事，
不是分享你的財富，
而是讓對方展現出自我。
——班傑明．迪斯雷利

因為——你，從未是你

我曾跟你一樣脆弱

我曾很討厭自己，連介紹自己的名字都不喜歡。
我花了好多力氣和時間，念出自己的名字。
卻又在他人念不出或不認識我名字中的「絢」字時，覺得難堪困窘，好希望我，不是我自己。

你不敢做你自己，不敢擁抱眞實的自己，因爲你的身上，穿著一件無形的囚衣。
這件囚衣，來自過去很長的時間裡，有許多人，特別是照顧你的大人，告訴你：「你不該這樣。」「你不該那樣。」或是，有許多聲音總是挑剔著你，告訴你，你的生命的存在，就是爲了滿足別人的需要及期待，如果做不到，就是你差勁、不夠好，沒有能力，不中用。

你總是看著別人被贊許，被給予許多獎勵，被認可。而你，無論怎麼努力、怎麼嘗試、怎麼表現，得到的還是一句句：「你不夠好？你應該還要……」

好，還要更好；強，還要更強；成就，還要更高成就。這些期許，總是沒完沒了，這些標準，總是不斷提高。而你，精疲力竭了，卻還是不斷應付、不斷追求，只希望有那麼一刻，可以有個聲音告訴你：「好了，你真的夠好了，沒有任何缺點與瑕疵了，沒有什麼達不到的，也沒有什麼你無法辦到的。」

你不斷因應要求，就是希望全世界再也不會有一句「你還不夠好」的聲音朝向你。沒有任何一點聲音，再讓你挫折、沮喪、難過及失落。

然而，你努力至今，還是沒有辦法眞正成功。即使你已給出所有的自己，那些聲音還是不停說著：「你應該要這樣……」「你不該是那樣……」沒完沒了。

你就算沮喪，還是寸步難行，還是動彈不得，還是必須承受。不斷壓抑那份沮喪。因爲你身上穿著無形的囚衣，這囚衣，是早年遭剝奪自主、只被賦予符合期待與需要的過程，所穿上的。

這囚衣意謂著，你不可以是你自己，你也不可以有自我的感覺及想法，你不可以獨立，不可以有自己的渴望和夢想，不可以有自己的空間與時間。

「做自己」讓你有無止境的罪惡感，彷彿自己是一個罪大惡極的人，是自私自利的糟糕傢伙，讓家人傷透心，讓全世界的人都失望的無救之人。

你好怕那種被全世界唾棄的感覺。你害怕只剩下「自己」，如果只有你一個人，你想像的是，你將無法生存，無法在這世界安全活著。你會被大眾看出你的惡劣及醜陋，那麼，到最後，你只會被厭惡及嫌棄，像隻過街老鼠。

因為一直顧著要他人喜歡，要他人滿意，也一直在乎著，究竟有沒有人肯定你所做的，以至於你始終難以安心，難以感到做自己是平穩且正當的。

如果沒有一個人，長期在旁肯定你、關注你，給你所需要的安撫及鼓掌，你就焦慮恐懼地覺得，自己是否正在被討厭，正在被排除。

你不敢做自己，將自己越來越空洞化、越來越模糊，越來越遠離自己。不論遇到什麼生活難題，你「唯一」想的，都是：別人會怎麼想？別人會怎麼認為我？別人會說什麼？

你當然也會失衡、痛苦，但你無法回頭看見自己，是如何遠離自己，又是如何允許這些支配與局限。

你也不敢給自己眞實的支持，給自己獨立的勇氣。你不敢承受「分離」及「獨自一人」的結果，所以，你告訴自己，如果你不配合，不讓別人滿意，會發生可怕的事，你無法承擔。

你看不見在你身上那件無形的囚衣。當然也無法眞的有自由呼吸的那一刻。那件囚衣，無時無刻束縛著你、壓迫著你，只要你敢做自己，就有無形的恐嚇及懲罰威脅著你，讓你心生恐懼，也讓你退縮膽怯。最後，你只剩下你的面子皮，你失去了靈魂、失去了思想，也失去了知道自己快不快樂的感受。

最後，你連爲這樣的自己感到悲傷或難過的感覺，都一併失去了……

深層心理對話　不斷「反應」來自找不到「主體」

失去自己，或者不知道自己是誰，是多麼令人徬徨無助的事。

就像一個失憶的人，不知道自己是誰，不知道過去的生命歷史、擁有什麼樣的關係，也不知道自己活著的身分和角色，自然就也不知道自己存在的價值和意義。

即使從鏡子中看見自己的容貌，還是對自己一無所知。那種感覺，是很疏離、很分裂的。彷彿你住在你裡面，卻不知道究竟這個你，是誰？

我們既然身爲一個生命體，身爲一個「我」，關於自己這個主體的感受、思想、行爲反應，就需要有所了解和覺知。當我們將與自己有關的一切，都拋給「不知道」，說著：「我不知道爲什麼我要那樣？」「我不知道爲何我要有這些感覺？」「我不知道我到底在想什麼？」這些語句在在反映著，我們與自己的關係既生疏也斷裂。我們無從了解自己，很少在內在探問自己，我們甚至不知道自己究竟有「什麼」需要被好好了解？

這些情況，透露一個早年的生活經驗發生了什麼。早年鮮少被關注、陪伴的孩子，沒有人與他對話，也沒有人可以成爲反映他行爲和情緒意義的一面鏡子，所以，他無法從外界的鏡射中看見自己、了解自己。也就無法將一個外在行爲中的自己，和一個內在感受與思考的自己，連結在一起，整合爲一個完整的自己。

因此，他只知道行爲反應要快，不斷反應，以因應外在的諸多要求和各種狀況，卻很少被允許停下來，好好經驗被關注、被了解的過程。當然也無法經驗到什麼是被同理，什麼是被容許和被支持。

如今，當過去這一個孤單且缺乏傾聽、關注和陪伴的你，長大了，卻仍是對「自己」感到模糊，不知道究竟什麼是「自己」，無法爲自己描述出輪廓、增添出血肉。每當要意識「自己」時，你只感受到空洞、茫然，和許多不確定。

如果，這是你，那麼或許你要了解，生命不是一個固定的物體，不是像椅子和桌子，或杯子、盤子，是不會變動的固體。生命不是物體，不僅外在會隨著歲月而變化，內在也會隨著每一次的探索與覺知，而有不同的感受及引發，像漣漪一樣，一圈一圈，一層一層。

所以，認識自己，是一層一層，是一個循環再一個循環。終其一生，我們都持續在發現每個時刻、每個經驗中的自己。

當你眞正了解到，你是存在的，你的存在正因爲你的「我」（I am）存在，你才能實現自我存在的價值與意義。

只是，活在過去的制約中，或是被過去的經驗控制，都不是一個完整的你。完整的你，應該包括「創造」。去創造屬於你生命每個歷程的新經驗、新學習，和新的領悟。將你這個生命主體的獨特，充分了解及發展出來，你才能眞正認識及定義：究竟，你是誰？

你可以這麼做　不讓過去的記憶決定現在的反應

要眞正「做自己」，確實非常不容易。雖然每個人的「我」，都無法被複製；每個個體都是獨一無二、獨立的存在。但這個事實，很容易被視而不見。由於我們是活在群體的環境中，家庭及社會的運作都擺脫不了對個體的制約，如此才能有集體的行動，和塑造集體的意識。如果，個體化的人越來越多，每個人都著重於個人的需求，也只重視個人的權利時，會不會就讓團體的凝聚力消失？讓家庭和社會的穩固結構崩塌？

這是活在群體中的我們，不得不思考、不得不體會的碰撞和掙扎。

在成為獨立個體的歷程中，努力發展完整自我的同時，社會的壓力、環境的要求及塑造，從未停止逼近。當我們強調自己的存在，追求自己的完整和利益時，不能忽略其他人也共同存在的事實。你若剝奪或犧牲他人，他人也必興起剝奪或犧牲你的心理動力。因為人與人之間是有連動性的，所以沒有什麼行為反應是可以「只要我喜歡」，和別人都沒關係。

我們要進行的轉化並非切割他人、隱藏自己，以避免我們受他人影響或吞噬。而是，我們如何為自己創造及帶動「我」和「他人」之間的關係，可以是互惠和共同利益的分享。在責任分擔方面，可以合作，並各自負責好所歸屬的部分，停止相互侵占及索討的惡性關係。

只是，即使知道建立何種關係較好，卻未必做得到。過去長期的生命歷程，已經幫我們每個人塑造及設定好內在的操作系統，有時想做，卻不一定能做得到，因為內在的作業程式，並未內建相關能力，也未有任何經驗值。所以，理智上雖然獲取了知識，也知道想要什麼樣的理想狀態，但在實際執行及行動方面，卻往往受限於過去經驗的影響。

比如說，我們知道做自己要有主見，要能好好表達自己的想法，但情感上，我們卻感到焦慮、害怕。過去相關經驗的記憶，也可能排山倒海湧現，讓我們深深相信，說出自己內在的感受想法會引來批評或打擊，而導致我們很快下了結論——「這麼做是沒用的」。於是無法突破自我，無法進一步嘗試和訓練自己。

當大腦不斷強化我們的限制，或任憑情緒出來威嚇我們，我們就會難以改換思考歷程，也就難改變行動策略。所以，若是可以覺察到，過去的記憶畫面是哪些部分湧現出來，激發出我們的情緒反應，我們就可以在情緒的歷程中多一點冷靜觀察，拉出距離觀看自己是如何被過去的記憶決定了現在的情緒反應。

做自己，就是還給自己獨立思考、獨立感受、獨立行動的自由和權利。做自己的同時，也要願意承擔。所有的選擇及決定，必然有其「後果」需要面對，不可能只享有你要的，卻拒絕承擔不想面對的。

如果想要安逸地窩在保護中，迴避需要面對的現實，那麼，做自己其實在你的意願之外，你還寧可失去自己吧？

因為——缺少自我認同及自信

我曾跟你一樣脆弱

在生命裡，曾有好多人告訴我，我是不被認可的。他們不接受我。我的出生背景、我的求學過程、我的學歷或資歷，在他們眼中都是不好、次等的。

後來，我才明白，是我先不認同我自己，才會拚了命地追求他人的認同。

如果你要專心做好自己認爲重要的事，就別期待人人都給你肯定和認可。有些時候，冷嘲熱諷、背地裡的攻擊、莫名的曲解也在所難免。

這些歷程，從進入學校（小社會），到成年後進入成人的社會，特別是職場領域，都可能遇上。

甚至沒有原由就遭受打壓，不實的惡意謠言紛飛，特別在你展現能力、認眞面對自己的任務時。

你可能不想奉承，盡量避免進入複雜的權力結構，或是不以位階權威來看待職場關係，也不想負面解釋人性或他人的行爲，你只是做自己覺得該做好的事，完成對自己的要求。

但當攻擊、背地惡言惡語仍然不斷出現時，你從震驚、疑惑、痛苦、恐懼，到懷疑自己、怪罪自己，深信是因爲自己惹人厭，才會被驅逐、嘲諷與攻擊。

其實，你不知道這不是你的錯，也不是你犯下什麼滔天大罪要受到眾人排除。只是，你低估了人性，也小看人的恐懼。

人越看你提升，越容易看見自己的停頓；越看你能力被肯定，越容易恐懼自己被忽略。

你從不懂「嫉妒」這一門人類世界裡微妙的情緒功課，也不懂「嫉妒」沒有出口時，會怎麼形成「恨」及「怨」。

你不需要因此包容那些傷人的行爲，而是要明白，**你的價值不該在他人的嘴上**。一個人說出他對人的觀點評價，顯現的是這個評論者本身的格調素質。但那永遠不該就眞的是「你」。

不必因爲他人的評價，就懷疑自己、責罵自己，反而要更靜下心、安穩自己、信任自己。

也不要輕易扭曲自己，因爲環境會改變、人際也會轉變，唯有你，會一直陪著你自己，到任何地方。

一個有實力且認眞面對自己生命的人，是不會有時間浪費在批評、論斷別人的。而一個成天耳語不休、道人長短的人，說不定光會貧嘴，其他一無所長……

你要注意觀察那些挫折你、挑戰你的人背後的意圖。眞心助你提升的人不羞辱嘲諷，他告訴你確切的事實，帶來提升的方向及方法。若不是藉這些分析和方法助你面對生命的問題，只是惡意評判、攻擊，要你陷落無底深淵爬不起來，要你否定自己的生命，這種評判和攻擊就可能破壞你的自我認同、傷害你的自尊，讓你一步一步陷落懷疑自己、萎縮自己的深淵。

深層心理對話　越迎合，越空虛

「認同自己」，是自我發展過程中非常重要的經驗。特別是在青少年時期，第二性徵出現，這是我們開始要蛻變、進入成年的過渡階段，也是每一個人身心變化最強烈的時期。

當一切都還在發展中時，我們還未能確認自己會長成什麼模樣、成爲一個什麼樣的人，各種評語說法、訓誡命令，還有環境所呈現出的價值觀、主流意識，都會成爲影響我們心理狀態的訊息。

在青少年的轉變階段，我們都想成爲被他人歡迎、被接受的人，但越去迎合他人的認可和標準，失去自我的壓迫感及空虛感就會慢慢襲來。如果不斷將他人的標準視爲是自己的，要求自己成爲別人要的模樣，久而久之，你會對自己充滿不確定，越來越難肯定自己的思想及感受。

因爲你不曾練習透過自己的主動思考去了解事實，也沒有學習體會內在感受。在行動方面，你都傾向聽別人告訴你該怎麼做、該如何是好。不需要思考及決策的你，也就無從發展出自己的觀點和個體經驗。長期聽命於人，讓你對獨立思考、自主選擇一籌莫展，不知如何是好。越求問他人的觀點及指導，就越失去自主思考能力和決策能力。

於是，他人漸漸對你有一種「脆弱者」「無助者」的觀感，習慣性地對你頤指氣使。當你發覺情況變得如此，你不被容許有自己、逐漸被漠視，失去自主選擇的權利，這令你開始心生挫折、忿忿不平，而想要反抗這一切的發生。

你該知道，沒有人可以脫離自我想法和感受而生存。我們並非機器人，不可能按照程序軟體行動。我們是活生生的有機體，有感覺、有想法，有欲望和企圖心。每個人終究需要在此生認識「自己」是誰，在人生最末，看見眞正想擁有的自己，領悟自己的生命價值。

你可以這麼做　不再安於依賴「強者」

缺乏自我認同的人，自信心也會薄弱。因爲他無法肯定自己（無論想法、感受，或選擇的行動）。他需要不斷找人背書，肯定他的判斷和感受。沒找到足夠數量的後援會、啦啦隊，他就覺得自己勢單力薄，根本難以自處，也難以相信自己。

如果不是從後援會或啦啦隊尋求支持，就會憑藉權威或名望人士的肯定，透過與權威連結、依靠權威的勢力或氣勢，找到立足的力量。

自我支持讓他覺得孤單，內在虛弱不安，不知道該如何面對外在，特別是人多的時候，群體讓他感覺到畏懼壓迫。直到有人關注、有人挺住他，讓他覺得可以結盟和依靠，不安全感才得以消除。

內在力量的貧乏，是缺乏自我認同的人常有的內心狀態，常感覺到自己的不確定，擔心受人反駁或否定。

如果這是你的生命處境，請回頭看看，過去有多少日子，你活在具有強烈控制欲的人身邊，透過控制、不允許你擁有獨立自我，讓你內在做自己的力量日漸衰微。

生活中有這樣一個極具控制欲的人，不論是長輩、手足，或是生活伴侶，他們的存在，一方面是因應你的需要（有強者讓你依靠），另一方面卻會剝奪你的力量（長期指揮及命令，讓你無法確實知道自己的想望）。

需要有個強者在身邊，正是因爲自己內在的軟弱無助，經常「不知道該如何是好」的焦慮感令人心慌，於是想依賴某個人出主意，持續替自己面對、承擔。

找回自己的力量，就是找回對自己的認同，不再因爲內在的虛弱及畏避，而總是渴求一位「強者」的存在。

你要知道，你所以爲的「強者」，也許並不是眞正的強者，而只是一個習於指揮、操控你的人。事實上，他需要你爲他付出的、提供他滿足及依賴的成分，也許比你需要他的部分還多。只是，他的好於評價、好於指揮，讓你誤以爲他是絕對權威而認同他、依附他，卻始終沒有看清楚，他眞正的實力，並沒有你以爲的那麼完美。

想要一個有自信的自己，就讓自己扎實地累積實力，同時，蓄積對自己的肯定。停止使用質疑自己的方式，讓自己獲得想要的確認。

不停質疑，會讓我們持續在思緒翻攪中，「這個念頭」反駁「那個念頭」，「這個認爲」質疑「那個認爲」，觀點、價値觀、行動方向遲遲無法作主、下決定。

認同自己，不是剛愎自用，也不是沒有彈性及反思的能力。認同自己，是在每個思考、觀點、價値觀、問題的決定當下，有能力確認什麼是「自己作主」的，並且不擔憂會遭反駁、恥笑或不受認同。

當你能眞正感受到，對自己所認同的，不需要抱歉、遮掩，也不覺得虧欠誰，你才是眞正開始了「做自己」的第一步。

因為——總是看自己為不好

我曾跟你一樣脆弱

有一段很長的日子，我不喜歡看到鏡子中的自己。
不喜歡照相，不喜歡在眾人面前出現。
因為我的心中總有個聲音：
「你很可笑，只要你出現就會被嘲笑。
你老是出糗，很丟臉，實在不應該存在。」

你有沒有遇過一種人，他一開口，總以數落自己的缺點開始？話語內容裡，也盡是批評自己笨，不會這、不會那。總不乏告訴你，他做錯過很多事，什麼都能搞砸。

這種表達習慣，隱藏著渴望被安慰、鼓勵的需求。透過表露自己的缺點及糟糕，期待獲得的是他人的肯定，聽到一句：「不會啊！我覺得你很棒（很好）。」

他內心對自己的觀感看法，卻不會因爲他人的一兩句「不會啊！我覺得你很棒（很好）」就改觀或翻轉，下一次，下下次，他還是會一如往常，以自己滿是缺點、什麼都很糟糕的語句開頭，表露自己。

這種弔詭的心理，可能來自過去很長的時間，他都活在被否定的生活環境。

那些否定讓他感覺痛苦、受傷。但爲了生存下來，他讓自己認同這些對自己的批評，以爲認同了這些對自己的批評，他內在的痛苦就不會這麼劇烈，不會再強烈憤恨、排拒批評他、否定他的人。

於是，他強迫自己認同，接受這些批評，把這些批評視爲指教，爲了讓自己更好、讓人滿意，他要自己將這些批評指教，視爲改變及進步的方向。

但同時，他內心千瘡百孔，對自己的支持或相信支離破碎，難以成形。以至於他始終在心中視自己爲不好、蠢笨、糟糕，連一丁點說自己的好、自己的棒，都覺得心虛、不實在。

然而，若是在他表露自我懷疑、否定或負面評價時，周圍的人沒有加以安慰，還進一步大肆批評他的過失和缺點，情緒風暴就會強烈襲擊他的生命，沮喪排山倒海而來，對於別人怎麼可以沒有看見他的努力付出忿忿不平，無法釋懷。

這是個負向的循環：不容許自己肯定自己、讚賞自己→強迫性地數落自己、批評自己→渴求外在環境的拯救及安撫→無法眞心接受和相信他人的肯定、支持→再次無法肯定自己、讚賞自己→強迫性地數落自己、批評自己→渴求外在環境的拯救及安撫……無限循環著這種否定自己、冀求環境接納安慰的心理遊戲。

不斷苛責自己、抨擊自己的人，內心痛苦沮喪，使他必須持續尋求外在支持和安慰，將他從內在的黑暗勢力中拯救出來。這股黑暗勢力，長期以來不斷傷害他，不停耗弱他的內在能量。但是，他無法自己救自己，無法爲自己改善內在的運作機制、成爲支持自己的人，只能外求。

如果這是你的內在狀態，你需要深切地看見自己，如何把自己歸爲黑類，總是凸顯自己的無知無能，放大缺乏和弱點。這些行爲，不是爲自己招來「安慰、支持」，就是爲自己招來了加劇的「否定、批評」。

無論招來了什麼，這都會是一場無止境循環的心理遊戲。

只要是循環式的互動歷程，我們就要覺察，循環究竟是如何引起的？起心動念的歷程，究竟是什麼樣的內在需求及渴望在作用？又是什麼樣的過去傷痛，脅迫你以這樣的姿態活著，讓你不敢做「原原本本」的自己——不必自卑、毋須自傲？

深層心理對話　「否定自己」其實是追逐別人的肯定

沒有人喜歡被否定的感覺，尤其是長期被否定。

但是，你卻長期否定你自己，不僅看自己爲愚蠢、沒有能力，更是輕視自己的生命爲多餘，不值得肯定。

你有沒有想過，當你把自己的生命徹底否定，絲毫不存有一點讚許時，你內在眞正的感受是什麼？

是眞的不渴求任何肯定和重視？還是不願意再期待，乾脆徹底看扁自己、否定自己的生命價值，這樣就不用在期待中失望？又或者是，透過否定自己，要自己不斷經歷「不夠好」的評價，好提醒自己努力再努力？

不論你是爲何使用「看自己爲不好」的方法，來對自己的生命施予漠視和督促，你所使用的這個方法，不會讓你眞的更好、更有自信，只會讓你落入自我懷疑的無限循環。甚至只要有一點成功，你也不敢喜悅，會立刻以各式各樣的理由否定自己，告訴自己，你並沒有眞的很棒、沒有眞的有能力和價值。

或許，過去你長期處在這樣以「否定你」來做爲要求及訓練的環境裡，總是不斷挑剔你、否決你的價值，所以你學會了追逐，追逐他人的肯定和欣賞，追逐他人的重視和稱讚，認定唯有從外部環境得到的肯定才難能可貴，才有憑有據。

你也學習了那些要求你的人的嚴苛挑剔，以此作爲自我要求的標準。甚至爲了不再被否定和斥責，你以更高的要求、更嚴格的方式對待自己，只求不再有任何否定你的聲音。

這也就是爲何一聽到否定的聲音、一感受到他人的負面評價，你就崩潰，你就不安、沮喪，想全盤放棄。

即使只是一點否絕和質疑，對你而言，都像是對你整個人的全然否定，惹你發怒怨尤。

除非你停止繼續循環「用否定自己來追逐肯定」，而是誠實地知道，你也需要肯定，需要讓內在有穩定的支持感，而願意從自己開始改變對自己的方式，否則，你所等待的外在肯定，始終會像風、像雲、像霧，眨個眼就煙消雲散，一個影兒也不留。

你可以這麼做　坦然接受自己的限制

我們的內在世界，就如外在世界一樣，都需要建設。特別是荒廢已久，或是反覆歷經摧殘，都會讓內在世界殘破不堪，面臨難以修復的局面。

而「否定」就像是心靈的砲火，總是讓自我經歷反覆摧殘及打擊。不斷遭受打擊的我們，也會日漸接受自己的軟弱無力，居於弱勢的位置，強迫自己認同那些摧殘及攻擊是自己應該承受的。

改變內在處境，首先要為自己圍起一條防護線，不輕易容許否決和攻擊的聲音侵襲你。

你可以告訴自己，即使有做不好的事、有還學不會處理的狀況，你都可以繼續學習、反覆練習，而不需要因此徹底否定自己的生命價值。

如果生命價值被否定，你拿什麼力量來面對需要克服的難關？如何讓自己沉住氣鍛鍊處理問題的能力？

生命本身的存在，是一切力量的根本。就像是一棟房屋，如果地基有問題，要如何蓋起高樓？

我們可以承認行爲上的疏失，坦然面對還不擅長的能力，然後平心靜氣讓自己繼續歷練、繼續學習，而不是徹底否定掉自己。

如果有人這樣對待你，那你要明白，此人勢必不愛你，也不珍惜你，當然不是眞心想要你更好。好好觀察並進一步了解，此人是否以打擊你、羞辱你、否定你，鞏固他自己的尊嚴和權力，好永遠凌駕於你之上，使你可以持續在矮人一截的位置上任其控制支配？

習於被否定、被批評，會使你矮化自己，交出生命的自主力量，認定自己的糟糕和一無是處。甚至說服自己，像你這麼糟糕、愚鈍的人，還好有一個地方不驅趕你，可以讓你依附，雖然他們讓你承受許多精神上的痛苦，但你還是要知足、要順從。

「否定人」這種方法，是操控心靈脆弱者最容易的方式。內在意志穩定而強壯的人，並不會輕易受他人的否定影響，改變對自己的觀感及相信。

想握有自己生命的主控權，就不要輕易委託他人來對你的生命下指導棋。拿回自己的決策權利和承擔力，停止不切實際的幻想，誤以爲透過他人的評價和操控能確保自己的生命萬無一失。

如果無法坦然面對錯誤，無法承擔自己的缺失所造成的危害及付出的代價，你就會仰賴他人評價和看法，給予他人操控你生命的權力，迴避了需要自己選擇、自己負責的眞相。

一旦願意爲自己的選擇負起責任、承擔後果，那麼，這就是你給自己的成長之路，無論別人是褒是貶，你都會有所學習、有所成長。

不再以簡單的「好、壞」「對、錯」評價自己，不因生命中的任何失誤和錯過，反覆否定自己、攻擊自己。

你只需要坦然面對，接納自己的限制和發生的過錯，願意眞正了解錯誤的原因，給予自己再一次的機會去矯正、改善，眞正創造屬於你的成功，你就能不必在「否定」的黑暗潮流載浮載沉，迷失方向。

因為——犯濫的自責與罪惡感

我曾跟你一樣脆弱

過去，我一點也弄不清楚，
什麼是自己的責任，什麼是他人的責任。
只要他人一不高興或生氣，我就提心吊膽。
不斷反省是不是自己做錯了什麼事？
什麼時候惹怒了別人？或讓別人不好受？

你知道自己爲什麼時常自責、時常有罪惡感嗎？

那是來自你從小就內化了許多人對你的責怪。在你的環境裡，在你是小孩子的時候，斥責和怪罪從沒少過。

你就像個眼中釘，生活中的大人總是不顧你的感受，輕易把一切他們覺得不開心、不順利的事，怪罪在你頭上。

他們毫不留情地用羞辱的口氣，對你說：「你怎麼這麼笨？這個家都快被你丟臉丟死了！」「都是因爲你，我才會這麼辛苦，無福可享，被你討債討死。」「你就是沒用，得不到你爺爺奶奶喜歡，讓我們家也跟著不被重視。」

你的出生被怪罪；你的性別被怪罪；你的面貌被怪罪；你的能力被怪罪；你的一言一行、一舉一動，都可以被怪罪。

要說完那些曾被怪罪、被指責的話，你只能苦笑，淡淡地說：「用一本書的厚度來寫，也寫不完。」

如果有人問你：「他們說的都有理嗎？你爲什麼不反駁？爲什麼甚至還用他們的方式在對自己？常常怪罪自己？」

你摸不著頭緒，想不通：「我也不知道，我就是覺得他們會這麼說，一定就是我造成的，我害的吧？事情總有一個罪魁禍首，如果他們都說不是他們的錯，大概就眞的都是我害的吧？」

你是如此輕易內化了所有人的情緒，將他們的情緒的開心與否、憤怒與否、難過與否、哀傷與否，都視爲自己的責任，視爲自己該負責的。所以你努力嘗試去了解究竟要如何做、如何回應、如何給予，才能讓他們的情緒安安穩穩、平平靜靜。你以爲，唯有他們開心、喜歡，他們才不會再斥責你、怪罪你沒用、養你不值得，也才不會怪你：因爲你存在，害慘整個家的氣勢和命運變得如此不堪。

讓他們安安穩穩、開開心心，不再悲傷、不再憤怒，也不再埋怨，你才會相信你不再是帶罪之身，可以放心過自己的日子。

但是，渴求的放心始終沒有發生。

你的環境總有那樣的一個人，用他強大的情緒風暴席捲你，令你恐懼、令你憂心。他數落起你來，你就好像是他的世紀仇人，總要用他所有的氣力，轟炸得你魂飛魄散、屍骨分離。

而你漸漸習慣了那些怪罪與指責的話，無意識地將自己也視爲令人嫌棄怨恨之人。不知不覺中，幾乎就這樣相信了，你的存在讓身邊的人都很不開心、很排斥。他們總是沒有讓你感受到一絲愛意，也沒有半點對你的肯定、在乎。你的生命如此理所當然地得做一個承載所有指責與辱罵的人。

所以，任何事只要不順利、不理想，只要事件當中有人有了不高興的表情，有了不講話的冷漠，你總是自然而然地，還沒能停下來片刻、思考究竟發生什麼事，就開始砲轟自己，質疑、指責、怪罪自己。

而罪惡感，氾濫地從心裡湧現，覆蓋所有心思意念，讓你接觸現實的理智線像斷裂了一般，只能任憑大紅或大黑的負面情緒洪水淹沒吞噬，卻半點掙扎也沒有。

深層心理對話　**罪惡感下的「誇大」與「漠視」**

讓心中受傷的孩子「安全」吧！停止再讓那些無情的指責、不合理的怪罪，繼續傷害他吧！

現在的你，已經有能力學習什麼事情該負責，什麼事情不該負責、無法負責。每個人都有他需要負起生命責任的部分。

代罪羔羊的身分，你可以卸下了。不需要再讓自己背負那些莫名其妙的怪罪、指責，也不需要帶著愧疚感過日子。

怪罪與指責，歸咎在他人身上，是用來逃避自己生命責任的方法。一個人選擇用什麼樣的情緒和態度面對人世，或是以什麼樣的觀點評斷他所處的世界，都不是你可以幫他承擔或負責的。

你真正要做的，是開始練習保護自己的心，保護自己的內在空間。不是某個人指著你，說你有罪、要你負責，你就要完全順應、無條件認罪。也不是說你是惡魔、掃把星，說你罪該萬死，你就無異議地該被定罪，被要求彌補或償還。

情況的發生都不是起於單一原因，也不該由一個人全數負責。這種找某個人擔任代罪羔羊的環境，在人身上塑造出「習慣性」的罪惡感和自責，而分不清楚責任的歸屬，和一個錯誤發生的前因後果。

過於氾濫的罪惡感和無止境的自責，讓我們尚未好好釐清情況、好好辨識之前，就先歸咎自己，一味跟著局勢逼迫自己、指責自己。

生命早年所內化的不合理罪惡感和愧疚感，往往是如此，讓我們迴避了眞實，在還不了解眞相之前，就以懲罰自己換取重要關係的存在及延續。

這種「要命且不合理的罪惡感」，在我們華人家庭，特別是強大權威掌控的家庭，格外嚴重而明顯。當一個具權威的大人指著某人怪罪時，往往整個家庭都會沉默，安靜無聲，任憑無理的怪罪及指責不斷發生。甚至，加以附和，以集體的姿態指控那最弱勢的、被剝奪生命權利的人。

如果這個怪罪、指責你的人，是你的雙親，或是照顧你生活的重要他人，那麼，你會難以分化出完整的自己。你必須依靠著他們的照顧才得以生存，也需要他們存在找到歸屬，也就是說，你的生命和情感都需要他們。透過與他們之間的關係，讓你在成長的過程，有人撫育你、教養你、支持你，讓你成爲獨立成熟的成年人。

然而，若是在這樣重要的關係裡，卻存在著不安全的情緒，只要一有讓控制者、權威者不滿、不開心的舉動，就遭來狂風暴雨似的情緒抨擊，以強烈、激動的情緒指責，咆哮著你的過錯缺失，痛斥你的存在觸怒了他，令他不悅或痛苦，而要你認錯、扛罪、背負讓他不悅的責任。那麼，你會很難分辨得清楚，在這些怪罪裡，究竟是否眞的都是你的錯，是否眞的是你的責任。

久而久之，只要在關係中的他人，無論是在你生命的哪個時期、哪個階段，無論對象換成是誰，你都會難以釐清什麼是你的責任，什麼是他人自己的責任。特別是情緒方面，只要他人有受苦、哀怨、憤怒及委屈的情緒，你就會焦慮地想著，如何使對方的情緒得到安慰或處理。

只要對方的情緒持續無法得到安撫、控制，甚至反覆出現指責、自憐與厭棄自己的語言，你就難以自拔地覺得是自己無能、失責，都是自己不好，以至於讓另一個人無法快樂、滿足和滿意。

這種氾濫的罪惡感，一方面「誇大自己的強大」，一方面又「漠視自己的存在」。

「誇大自己的強大」，是來自幼年時常被怪罪與指責，而忽略了現實中，一個孩子的能力是有限的，許多問題根本不是「一個孩子」可以負責和承擔的。但因為周圍大人失去現實感、活在自我中心的狀態中，怪罪、要求孩子，為大人製造出的問題背負責任（例如：怪罪因為孩子存在，才必須留在婚姻裡受苦），以至於這個孩子也扭曲自己的眞實狀態，透過誇大而不合理的眼光，要求自己成為「超人」，拯救大人的悲苦及生活問題。

「漠視自己的存在」，則是生命個體從小就被剝奪存在的權利及主體感，被物化成爲供應、滿足周圍他人所需的角色。若沒有達成要求，則個體常被視爲不該存在、像個多餘的東西，而被漠視及冷漠以待。這樣的生存狀態，讓個體也學會漠視自己，非常習慣將自己物化，認爲如果自己沒有提供他人所需，沒有滿足他人的欲望，就如那些物化他的人一樣，認定自己的失責與罪過，甚至認定自己沒有存在的價值。

罪惡感是華人家庭，特別是上一代的長輩，很習於用來管教、控制下一代孩子的方式。要孩子在承受不合理的怪罪和指責裡，受其索求、掌控，讓孩子一輩子在支配及要求中生活，保障上一代的權力，提供上一代滿足需求，而失去擁有自己人生的自主權。

要終止內心氾濫的罪惡感並不容易。畢竟，這就像是被關在籠子裡很久的動物，在不斷懲罰的制約操弄中，早就分不清楚，懲罰究竟是否眞的會發生。

許多人在歷經長年的指控和怪罪中，被指責爲不乖、不孝、不好、不聽話，並且被威嚇會遭家庭驅逐、排除、拋棄、撤回愛，早就分不清楚，自己是眞的可惡，該遭受眾叛親離？還是，其實根本是受家族依賴，用著不合理的指控及怪罪桎梏著，剝奪掉生命的自由，好讓易於受控制者無法離開，一輩子背負著高道德、高期待標準的指控和挾持，活在罪惡感中而無法脫離。

你可以這麼做　看清楚罪咎的現實真相

罪惡感並不那麼容易化解。

易於背負罪惡感的人，往往是對愛有極度渴望的人。因爲強烈渴望愛，卻發現能夠給他愛的對象始終不關注他。甚至將許多生命的問題怪罪於他，爲了不失去這能夠給予愛的對象，於是，他要自己背負能讓愛的對象獲得快樂的責任。

這個對象所遇到的任何問題、任何需求，他都要自己義無反顧配合，完全不考慮到自己，只要這個對象要他做的，他都努力達成。

雖然表面上，他竭盡所能滿足對方要求，但深層的內在裡，卻有自己對愛的渴求和期盼。他希望自己就是那個無論如何都能被愛著、不被遺棄的小孩。爲了成爲這個被愛的孩子，他要自己成爲盡責、滿足大人需要的孩子，好讓自己的存在，是被肯定、被讚許的。

然而，不知不覺中，他失去了自我，不知道自己是誰，也不知道自己的感受和想法是什麼。他只知道，不照著做，就會被否定；不提供滿足，就是失責、沒有用。

想從這種氾濫的罪惡感中脫困，你必須要有「接觸現實」的能力，包括具現實感的存在能力。你需要了解，何謂「罪惡」？是法律上認定的罪惡，還是道德倫理上的罪惡，又或者是家庭文化裡價值判斷下的罪惡？

你需要好好爲自己思考「罪惡」的定義，而不是任憑他人歸咎怪罪，你就承受指責、產生愧疚。

你更要仔細檢視，許多人怪罪於你，並非眞的是你做了什麼，也並不見得是你一手所造成的失誤。許多人對你的歸咎，是來自他逃避負責、拒絕承擔，而他龐大的痛苦及受害情緒，需要找個人來當怪罪的發洩出口。於是，你被視爲「代罪羔羊」，成爲強烈仇恨情緒與混亂情感的被害者。

最常見的例子，就是父母親婚姻的問題，雙方一直逃避面對和處理，也無法爲自己的選擇負起責任，而將他們在婚姻裡的受苦遭遇、痛苦情緒歸咎於孩子的存在，以至於只能繼續忍耐和承受。或是，孩子有生活中的行爲問題，就趁機歸咎孩子不聽話、不懂事，讓父母親的日子有更多麻煩、不順利和不幸。

我們需要眞正明白「罪惡感」何以源源不絕地發生，那就是個體毫不思考、辨識，就將他人生命的受苦及痛苦，視爲自己的責任，同時又經驗到無力拯救或改變的困窘局面。

有時候，罪惡感的發生，也是一種自我保護的防衛機制。當我們什麼也做不了，當我們無法想出任何可以進一步改善的方法時，「罪惡感」替代了我們無能爲力的感受。過多、氾濫的罪惡感，會讓我們產生痛苦，以此作爲無能爲力下的虧欠彌補。

如果習慣以罪惡感來面對殘酷現實，作爲無能爲力改變什麼的替代感受，那麼，我們必須要注意到，這樣的罪惡感，會侵蝕面對現實挑戰的意志力，也會束縛情感能量，讓我們活在抑鬱和挫折壓力中。

一直將自己視爲「錯誤」「罪惡」，只會讓你想消滅自己，並且進入一個罪咎↓彌補的無止境循環中，無法終了，怎麼也等不到心裡罪咎減刑、無罪釋放的時刻。

與其抱著「罪惡感」過日子，來逃避無能爲力的感受，不如爲自己找到有力可施的所在，爲自己長期背負的怪罪及歸咎，找到合理且符合現實的因應之道。也爲自己的心靈，找到好好釋懷、鬆口氣，及原諒自己有所限制的自由之窗。

因為——強烈害怕被拒絕及排除

我曾跟你一樣脆弱

他們總是聚在一起，聯合起來，好像很壯大。
他們一起指著我，背地裡嘲笑，或背地裡批評，充滿不屑的口吻，讓謠言滿天飛。
然而，卻始終與我保持距離，連和我說話，都不願意。

雖然我們都知道，一旦我們誕生於這世界，在生理上，我們就已經與母親分離，成爲兩個不同的個體，不再與母親共生。連繫彼此爲一體的臍帶，也在誕生那一刻即已斷裂，不復存在。

但心理上，有條無形的「心理臍帶」，依舊連結了兩人，成爲生命共生體。這樣的生命共生體，相互依存，不允許個體獨立存在。當中並蘊含著「忠誠」的意義，要忠於有權力者，要忠於支配者，無論支配者要求什麼、指使了什麼，他都需要讓自己服從，並完成指令及要求。

透過「心理臍帶」所連結的生命共生體，特別容易存在於頭一胎生的孩子。在華人社會，特別存在於長女身上。所以長女的心理臍帶，讓她與母親成爲密不可分的共同體，母親悲傷，她痛苦；母親哀愁，她煩憂；母親受苦，她疼痛；母親怨恨，她安慰；母親的生命問題，都成爲她必須背負的責任。

她是母親的幫手、母親的助理、母親的代理者、母親的授權者，也是母親無法得心應手時，必須出面承接的替身。母親所要面對的問題，都是這頭一胎生的孩子需要背負的責任，還需要滿足對方的期待。否則，母親的焦慮、煩躁及憂慮，很容易經由「心理臍帶」傳遞過來，擾亂生活的安定和平靜，也亂了生活作息的秩序。

頭一胎的孩子，特別是女兒，與母親之間不是全然的一種「母女」關係，反而更像一種夥伴關係或陪伴者。所以，長女並非以完整獨立的個體擔任「孩子」的身分，也不是站在「孩子」的位置，與母親維繫關係。所以，長女往往也沒有當夠小孩，總有過於早熟，或必須早早當小大人的傾向。

這樣的孩子，若是讓母親失望埋怨，就會感受到自己的存在位置出現了危機，也害怕與母親的生命共生體會遭破裂而被切開、排除。強烈害怕被排除、被拒絕的恐懼，讓孩子只能更努力，使命必達地完成母親的要求及期待。

即使不是因爲身爲頭一胎的子女的關係，許多人小時候也都遭遇過要被遺棄或排除的威脅，像是被推開或冷眼地說：「你很麻煩，我眞的不想要你。」「你讓我很不滿意，很生氣，我不想要你。」或是：「你再哭，再鬧，你再不停下來，我就要丟掉你。」

這種以遺棄或排除作爲控制孩子的威脅，讓孩子經驗到恐懼，而必須立即壓抑情緒，甚至不斷向父母親說對不起，因爲自己沒能馬上不哭，或沒能馬上就克制好自己。

這樣的孩子自小就學到：必須成爲別人要的那個樣子，而不是接受自己的樣子。也是從小就留下陰影，當我們呈現眞實的自己時，別人會厭惡、煩躁，也有權力驅逐我們、丟棄我們。

有的家庭，父母親甚至以結盟手足的方式，來懲罰或排除那不符合規範、不照著父母親指令動作的孩子。「我們不要理他。」「不要讓他跟我們出去。」「算了，他不是我們家的一分子。」以這種排除的威脅，讓孩子經歷被遺棄的恐懼。

這幾乎是人人都經驗過的童年經驗，只要不聽大人的話（命令），只要讓大人在管教中挫敗和憤怒，排除、拒絕你是同一團體（家庭）的威脅，就會出現，讓你要嘛乖乖聽話，要嘛就靠你自己。

深層心理對話 你，也把自己視為可任意對待的「東西」？

當然，我們長大後，便能明白小時候經歷過的「我要排除、拒絕你」的威脅，並非是眞的，而是一種控制及管教的手段，爲了讓你在權威關係中，不要保有個體性，避免觸怒大人、忤逆大人。

但是，當我們還是小孩時，我們不具備了解客觀事實的能力，被威脅的恐懼感，就是如此眞實，如此令你受傷。

如果曾經發生過非常糟糕的情況，例如：被鎖在門外、被丟在街上，或是曾經被趕下車，這些實際發生過的排除及遺棄的舉動，勢必讓小孩經歷很大的驚嚇，而在心理上留下陰影。

即使長大成人了，內在潛意識層，也會留存強烈的人際不安全感，不知道什麼時候，自己會遭受拒絕及排除。特別是在親密關係裡，不安全、不放心的感覺，總是三不五時出現。對於自己是否被愛、是否可以安心穩定的在關係中，始終都抱持著懷疑的念頭。

這種在內心深處的人際關係不安全感，讓你害怕，一旦你呈現眞實的自己，就會被拒絕、被嫌棄或被排除。所以，你總是要自己討好，滿足別人的需要，成爲別人期待中的自己。在你眼中，你看不見自己的好，也不懂得何謂珍愛自己。因爲在你的經驗中，別人很容易就能否定你、排除你，視你爲可以任意拋棄不要的「東西」，而不是把你看爲重要的生命，重要的人。

而最令人難過的是，你也這樣看待自己，也將自己視爲「東西」，可以任意被對待，也可以任意威脅你：「如果你不滿足我，我就不要你。」「如果你不給我我要的，我就不愛你。」你受不了這些話語裡的排除和輕易切斷關係、撤回對你的愛。只要你聽到這樣的話語，你就莫名的發抖、恐懼、無助，彷彿這一句話一對你講出來，你就要失去生命的氣息，就要死去似的。

你的大腦儲存著太多關於被拋棄，或被恐嚇要排除你的記憶。那些記憶中的人，惡狠狠的，沒有任何心疼、難過的表情，甚至還以極度厭惡的口吻，對你怒罵咆哮：「你眞的很討人厭、惹人煩！」「你再這樣不懂事，我不要再帶著你！」「誰都不想要你，你還不乖一點！」

這些惡言惡語，從你有記憶以來，就是你痛苦的來源，讓你不知所措，也讓你不安。你不明白，何以你必須要受這些苦？忍受這些痛？

但即使心裡很委屈，有很多「爲什麼」，也感覺到不平，但只要能被「要」，能不被排除，無論要再怎麼失去自己、感受不到自己，你還是自己忍著、撐著。

你可以這麼做　真正接受自己，讓操控遠離

生命的歷程，讓我們必須成長。即使幼年時我們必須依賴大人的照顧和撫養，才能存活下來，但生命的發展，並非要我們永遠留在依賴的關係中，恐懼著如果生活中，沒人可以依賴的話，自己就會活不下去。

成長的一部分，就是需要接受，人終要成為獨立個體的事實。同時，也接受生命中的人際關係，總會有分離和結束的時候。

但幼年時，經歷過被拋棄及被排除的驚嚇的我們，就會時時刻刻受恐懼的情緒淹沒，即使已經長大，也會分辨不清楚，自己是眞的無法獨自一人活下去，還是來自一種被拋棄的創傷，覺得自己又回到小孩的狀態，茫然而無助，驚嚇而慌張，「感覺」自己無法活下去。

現實中的眞實，和想像中的眞實，往往是兩回事。

想像中的驚嚇和無助，確實很眞實，因為「情緒反應」是眞實的。當我們想像任何災難和不幸發生時，焦慮和驚恐的感受，都是眞實的反應。然而，這種眞實，並非

現實生活中的眞實。

現實生活中，只要有能力照顧自己，給予自己遮風避雨的棲身之處，並讓自己可以有維生的方式，那麼，我們就可以存活得下去。

但你會說，失去愛的保障，沒有愛的來源，這樣的活，又有什麼意義？

如果這是你的想法，那麼，我們就需要先澄清，不是你會活不下去，而是你的精神層面，會失去重心，少了有所依戀的感覺。也會因爲失去另一個人的存在，而無法定義自己是誰，無法獲得自己存在的價值感及意義。

當你對於活著，最重視與在乎的，就是能擁有一段令你笑、令你哭，讓你感受到愛、感受到自己存在的關係，那麼，你就更需要爲自己去分辨你所堅持維繫的關係，是否眞的讓你可以感受到愛、感受到自己的存在價值及意義？

如果你要做自己，呈現自己是誰，展現你自己的樣貌、性格、天賦、渴望和需要，這一段關係就威脅要拋棄你，威脅要排除你，而不是陪你一起來認識自己，也不是支持你成爲自己，那麼，這段關係的存在，眞的能讓你感受到愛、感受到自己存在價值及意義嗎？

這豈不是很弔詭？在一段關係中，你最好不要是你，最好不要做自己？

那麼，在這段威脅會排除你、拋棄你的關係裡，你究竟是誰？又該成爲誰？

如果，這是你的思緒無法自我思辨清楚，也無法梳理清楚那些不安及恐懼的情緒，你就會讓自己留在威脅要排除你、拋棄你的關係中，繼續混淆自己、失去自我，然後央求這段關係，不要割捨你。

在不斷經歷可能被排除及拒絕的威脅處境中，或許你該看見的是，爲了保有這段關係，你已經反覆又反覆地先排除了自己、拒絕接受自己了。

若要眞正終止被排除的威脅，首先，你要先能眞正接受自己。告訴自己，即使遇見的人和關係都排除了你、拒絕了你，你也不會認同他們，隨之一起拒絕自己。

當你有能力接受自己，不在心底排拒自己時，那些威脅、那些操控的關係，才能眞正離開你。你也才有可能不再重返孩童時期的恐懼，活在驚恐及不安中，害怕自己再度被拋棄，再度經歷無助、脆弱及焦慮的情緒風暴摧殘，而粉身碎骨。

為什麼「愛與被愛」對我來說那麼難？

孩提時，我們常想，
當我們長大後就不會再受到傷害。
但成長就是要去接受自己的脆弱，
而活著，就是會受傷。
——馬德林・英格

因為——崩壞的親子依戀關係

我曾跟你一樣脆弱

從小體會被雙親遺棄，讓我的內心始終像孤兒一樣，
覺得這世界沒人與我有深層的連結。
沒有情感滋養的來源，彷彿被疼愛、被珍惜，是天方夜譚。
我曾經因此很不懂愛是什麼。
以為愛是索取、是控制、是討好、是滿足，
而奮不顧身地用一切的方法，想要抓緊愛。

愛與被愛的感受，對任何人來說，最早的經驗都是從個體和父母親的關係中獲得的。不論父母親是存在或缺席，任何型態及樣貌的的親子依戀關係，都會對個體留下

深淺不一的影響。

沒有任何人可以輕易取代父母親的位置。父母親的功能及存在的意義，都不是找個人取代擔任，就可以彌補或填滿的。

然而，在我們的社會中，過去很長一段時間，爲了追求經濟的富裕，爲了因應每個家庭日漸龐大的物質生活需求，父母雙職雙薪的家庭結構是普遍存在的。事業的追求，逐漸侵吞了所謂的家庭時間，包括：教養的時間、連繫感情的時間、陪伴成長與情緒支持的時間。

另外，3C產品（電腦及其周邊設備、通訊手機、消費電子等等）的製造及產出，更使得親子依戀關係的建立，受到了威脅及取代。許多家庭，不僅父母親高度使用3C產品，也讓孩子在非常小的年齡就接觸，甚至作爲孩子的陪伴物，讓孩子過分依賴，時時刻刻需要3C產品提供感官娛樂，吸引注意力。

過去在經濟起飛及成長的階段，許多雙薪家庭的孩子，被稱爲「鑰匙兒童」，意指許多孩童在下課放學後，是自己拿著鑰匙打開家門，自己一個人待在家度過晚餐時間，直到父母親很晚了才下班回家。

在景氣最蓬勃的時代，約一九八〇年前後誕生的孩子，現在大約是介於二十六至三十五歲的年紀。這一代的孩子，都經歷過父母親非常忙碌的狀態，特別是母親的生活照顧壓力和經濟需求壓力，讓母親無法輕鬆面對生活，不僅常出現心急、焦慮、煩憂、不耐煩，也常在孩子尚需要陪伴和引導的年紀，就要求孩子趕快獨立、自己處理好所有的事情。對於孩子的情緒變化，及生活遇到的大小問題，都希望孩子可以迅速解決，不要反應出任何困難或問題。

母親龐大的精神及情緒壓力，往往來自父親對家庭的疏於照顧。父親只需要專注在自己的事業上，家庭照顧與孩子的教養問題則全推給母親。母親在家庭中孤立無援，同時又要顧及自己的事業發展或工作要求，常是心力交瘁。回家的那一刻，母親的能量已在職場耗盡，感到萬分疲憊，卻又必須擔負起家庭照顧者的責任，此時的母親，只能用任務要求、指揮命令，來對待孩子。很難稱得上是陪伴孩子或引導關愛孩子。

這一代的孩子，在內心深處常會感覺到一種深切的孤單感，還有一種「自己很不重要」的感覺。因爲父母親有更重要的事要忙，他總是等父母親有空、願意了，等父母親撥出關注力，才能獲得片刻的關注。否則，自己心情感受的表達，無論是喜是悲，都是多餘，沒有必要。在他的內心總有一種與人之間的隔閡感、斷裂感，無法經驗到什麼是親密、信任，和放心自在的存在安全感。對於自己是「被愛的」，感覺很不確定，難有實在的感受。

有些這一代的孩子，甚至會感覺到「一個人」是最輕鬆自在的，雖然獨自一個人，會有沒人陪伴的孤單和寂寞，卻是最熟悉也最感到鬆一口氣的時候；就像幼年時，一個人在房子裡、房間裡消磨時間，等待時間過去，父母親回來。在這段時間裡，最不受壓迫，也最不被焦慮驅使，只是仍會伴隨寂寞和空虛感。

這一代的孩子如今已成年，陸續孕育出他們的下一代，然而也漸漸開始在親子關係的建立上發現困難。

特別是，許多這個年紀（目前三十歲上下）的父母親都反應出，他們自己小時候也沒有被陪伴過，小時候經歷了很多不被允許，特別是情緒的經歷，他們都是自己撐過來、靠自己長大，怎麼現在的社會環境和氛圍，卻要父母親重視孩子的情緒，了解孩子的內在需求？就算他們知道孩子的情緒及感受很重要，也想好好陪伴孩子，但要如何陪伴、如何引導？如何建立眞實又不剝奪個體性的親密感？這幾乎是他們不明白的事。

對於學習如何陪孩子一同成長缺乏動機的父母親，或許會僅止於給孩子生活上的照顧，而將親子依戀關係本質裡的情感連結與關注，全委託給3C產品代爲陪伴。

3C產品，和早期的電視有相像的屬性。這些機械所製造出來的視覺畫面，很能吸引住孩子的目光及注意力，讓孩子著迷。但這樣的情感關注卻是單向的，也就是孩子單向關注機械，而機械是死的，不是有機體，不會提供獨特且具交流性的回應給孩子。孩子也無法從3C產品所取代的陪伴中，眞正學習到人與人之間的互動關係和情感連結。於是在人際溝通與表達上的發展，也相對受到限制。

3C產品陪伴下的孩子，用視覺影音配飯吃長大，他們的世界將不再需要有「眞實的人」存在。通訊軟體的發達，以及大量用貼圖取代文字描述，也勢必影響未來人與人接觸時的狀況。一個家庭中，很可能每個人都在自己的房間或角落使用通訊軟體傳遞訊息，人際之間的溝通表達、情感傳遞，這一切的進行，都只能透過冷冰冰、沒有情感反應的機械傳遞，人與人之間的連繫少了溫度和情感連結。一旦眞實面對面，甚至還會感到無言、語塞，無話可說。

在各級學校任教的老師，勢必會非常明顯的感覺到，現在活在3C產品盛行世代的孩子們，口語表達與文字敘述能力都有大幅弱化的現象，除非是持續保持書本閱讀及書寫習慣的孩子，才可能維持論述和描繪的能力。

這些都將強烈影響家庭，更會影響未來社會中所會建立的家庭型態與關係。

如果這就是世代的變化，也是科技發展必然出現的後果，或許誰也抵擋不住這樣的變遷，無法拉回過去那種人與人密切互動、富感受性和情感交流的人際互動模式。

但是，我們恐怕需要體認一件事，那就是，如果人類的生存不可能完全離開群體，單靠自己孤立生活，而且人類仍有感受愛與被愛的情感需求——那麼，能在關係裡經驗到愛、確保生命成為一個有愛的個體，仍會是社會所認同的價值，也是個體最重要的生命體驗之一；親子依戀關係，也仍會是發展其他人際關係連結與互動的重要的基礎，以及成人後，能否在親密關係中，感受到溫暖、支持、信任、尊重的重要來源。

所以，怎能任憑親子依戀關係崩塌毀壞呢？

親子依戀關係，是一個生命體在最重要的前五年生活世界的全部。生命的前五年裡，父母親與孩子的其他手足、親人，提供給這個孩子理解生活世界的一切基礎。這段時期，父母親乃至周遭環境，對他說了什麼、做了什麼，如何照顧他、教養他，都將形成這個個體對自身的觀感；而這五年期間與重要他人之間的互動關係，則成爲個體如何了解「關係」，及自己在關係中的處境、位置、影響力……等等的體驗。

這些多到數不清的幼年經驗，會隨著成長過程，漸漸不停留在認知意識層，因爲新鮮事物與生活中要面對的現實問題，總是占據我們的記憶和思考空間。但這並非意謂，幼年時期所經歷過的生命經驗，對個體不再具有影響性，會在生命中煙消雲散、不留痕跡。

那些幼年時期的親子依戀關係經驗，往往成爲我們內心說不出爲什麼，難以梳理清楚的情緒痛苦及情感創傷反應，糾結而纏繞在個體的內在歷程，影響著他在環境中所面對的人際關係。

深層心理對話　愛的體會，來自親子依戀關係

我們對於「愛」，往往停留在認知層面，而不是感受層面。我們「知道」愛很重要，「知道」父母親要愛孩子，「知道」在親密關係中，要彼此相愛。我們都「知道」，卻很難自然而然體驗到，愛在彼此的感受中「流動」。

因爲我們在親子依戀關係中的經驗，大多是很緊張的。許多糾正和要求，讓我們覺得，自己不是父母親心中想要的那個孩子。父母親對孩子來說，是生命需要依附的對象，能不能被他們接受、喜愛，成了孩子感受自己生命重不重要、是不是一個好的生命、值不值得被愛的重要依據。

緊張又衝突的親子關係，讓我們經驗到的是，我們必須要與內心感到恐懼的對象生活在一起。如果不能討他喜歡、讓他滿意，我就會受到很大的攻擊和傷害，我也將得不到生存的最大利益，無法獲得他們的支持和保護。

特別是，在家的經驗中，歡樂愉快、輕鬆自在、喜歡在一起的這些正向感受，很少發生。大部分與父母相處的時間，充斥著斥責、叨念、貶損、輕視，還有許多痛

苦、憤怒的情緒，布滿整個居住空間和日常生活。孩子在不知不覺中接收大量沮喪和沉悶的情緒，對於與人相處感到壓力，失去了意願，也失去興趣和自信。

孩子並非從父母口中說出的話語內容學習人生，而是從父母的言行舉止和態度中，看見人生。

父母親對人生的悲憤哀怨，對人際關係的疏離或矛盾情緒，一點一滴都在傳輸關於人生的資訊給孩子，孩子從而開始繪製出他所認爲的世界。於是，孩子所繪製出的世界版本，有非常大的比例是從父母親的生命傳遞過來的。

所以，回頭看你的人生，愛與被愛的深刻體驗，是否是從父母親來的？還是父母親與你的關係糾結難清，愛裡總交雜更多痛苦、衝突、疏離、對立甚至操控的互動經驗，讓你很難確認愛是什麼？被愛的感受又是什麼？

一旦想確認自己是被愛的生命，更多複雜、痛苦、衝突的情緒記憶，就難以抑制地翻騰，讓你不得不趕緊關閉感受，避免再去體驗記憶中那些愛與被愛的矛盾經驗。

你可以這麼做 長大吧！別再找尋理想父母的替身

心理學鼻祖之一榮格曾說：「沒有什麼比毫無生命氣息的父母，對周遭環境，特別是對自己孩子的心理，還要造成更大的影響了。」而我要說，沒有讓孩子感受到愛的父母親，對社會、對周遭、對孩子的心理及人際的影響，也是巨大得難以數算。

在幼年時難以感受到父母親的愛的孩子，在成長歷程中如果透過自己的努力，用心學習愛、感受愛、信任愛，他所要付出的努力及代價，絕對是不容易的過程。

想憑空、不費吹灰之力就相信愛，不想付出任何心力或代價，也從不設法由內在療癒傷痛，那幾乎是不可能的。

要能在關係中真誠互動、真誠地將自己安放在關係中，這對內心受過許多親子依戀關係傷痛的人來說，是種威脅，提醒他過去傷害存在的危險處境。一進入到關係中，就要對任何訊息小心謹慎，防衛任何可能發生的打擊，像是：遺棄、排除、羞辱、輕視、控制。

愛和依戀，是很容易混淆的感受。當你依戀一個人（一段關係）時，你會想占有、依賴、掌控，會覺得非要對方不可，無法忍受失去對方的任何不適感受，這種種感覺，全會讓你認爲你需要對方、愛對方。這是一種激烈的情感反應，要與對方你儂我儂到分不清彼此，才會讓你稍微不恐懼對方的消失。

而在這種依戀關係中的人，其實所謂的「愛」對方，更深層的內心渴望其實是對方來「愛」自己；用「我」想要的方式，用「我」覺得安心、安全的保證，用「我」可以感覺到控制住局面的方法，來愛「我」。更多時候，在關係中感覺到的不是一種安心的愛、安全的親密關係，而是焦慮和擔憂，深怕對方難以掌控，怕對方一不見人影了，就會發生拋棄的情況。

這是將幼年在親子依戀關係中所受的傷害，轉嫁到後來的親密關係對象身上，要其彌補和保證，要其表現出絕不離棄的忠誠，一而再，再而三。然而，就算諾言一說再說，那不安的感受，和害怕受傷的想像，也不曾眞正停歇。

而「愛」，是人類依戀需求的進化。不需要追求占有，不需要以控制、脅迫，要對方屈服在關係中進退不得、寸步不移。也不會想綑綁對方在兩人世界裡，杜絕所有外界的進入和連繫。

如果你還有印象，成熟（成年期）之前的我們，對關係的態度和方式，就是如此，無法以尊重雙方爲獨立個體的方式建立關係、維持互動。較多時候，所在乎的關係，大多以占有、侵略、剝奪、吞噬、控制、威脅來進行，也很難在關係中體驗到一種深層的和諧安穩。

如果你感覺到自己仍停留在依戀關係的型態裡，而不是在關係中將「依戀需求」進化爲「愛」，那麼，事實上你仍停留在彌補和塡滿幼年時對愛的懷疑及缺乏階段。也就是內在沒有被愛夠、沒有獲得愛的滿足的那個幼兒，仍存在於你的內在，仍殘留許多幼年時的需求，在找尋理想的父母親替身，渴望獲得滿足及依賴。甚至，不知不覺中，想要退回孩子的模樣、孩子的狀態（例如用娃娃音說話、想撒嬌、想要賴、想任性），在關係中考驗對方的耐心、包容或呵護能力。

你需要了解一個眞相：生命都是往前進化，而不是向後退化的。執迷於心理孩童（殘留的幼兒性格）的需要和渴望，甚至讓這內在的心理兒童取代了成人的能力，任由這心理兒童擔任生命的主要性格，那麼，勢必會讓你反覆再關係裡經歷受傷及受創。

想想看，即使在我們過去還是幼童時，生育我們的父母親，都難以成爲理想的父母親來照顧、滿足我們，其他不是生養我們的人際對象（無論是師長、同學、摯友、情人、伴侶、同事、主管、治療師、牧師……）既無血緣，也無早年共同生活經驗的基礎，你卻要他們成爲代理父母，來彌補你的未獲滿足，這無疑是最不切實際的幻想了。

所以你要做的，不是汲汲於找尋心中完美父母親的替身來滿足你、塡滿缺口，而是要眞正看見自己內心的傷痛，眞正了解自己的缺乏和對愛的懷疑，然後以成年的能力及理解力，爲自己學習愛自己的方式與態度。

繼續以受害者的角度，控訴世界不愛你，控訴爲什麼沒有人可以補償你童年的受傷，那勢必是條不歸路；是條永遠觸摸不到愛，也離愛越來越遠的道路。

因為——又愛又恨的矛盾情結

我曾跟你一樣脆弱

過去，我總以為自己愛得強烈，無法獲得時，就恨得強烈。
以為這樣深刻地愛與恨，才能證明自己「真心的愛」，
也才證明自己愛得徹底、愛得轟轟烈烈。
所以，當沒人如我一樣愛恨強烈時，
我就能以為沒人懂我高尚的愛，辜負了我的愛，
我是多麼可憐！多麼不幸啊！

早年依戀關係挫折或矛盾的人，典型的人際混淆現象之一，就是無法忠於自己誠實的感覺，甚至還會顛倒眞實感受。

明明是生活中待他不好，該厭惡排拒的人，卻有莫名的自責，反而更討好對方、更展露善意，掩蓋自己內心的恨意與怨懟。並且對於排除他、傷害他的人抱有罪惡感和恐懼。

同時，又對眞正眞心善待他、理解他，願意支持體諒他的親密伴侶或重要他人，容易心生怨恨、不耐、輕視、嫉妒，任意攻擊。即使做出背叛他們的行爲，惡狠狠地傷他們的心，也沒有罪惡感或任何自責。

這是由於幼年時，生活在冷漠無情的家庭，經歷過冷酷的打擊，沒有體驗過友善溫情的對待所致。對於大人的冷漠與嫌棄，容易形成恐懼不安，總是須極力討好、順從，壓抑自己的失落和脆弱。如果沒有滿足冷漠的大人，就會認定自己「不好」，很難安心在環境中自處。

在長期認定自己「不好」的情況下，善待、溫暖、體貼、理解等等有滋養性的正向經驗來臨時，懷疑、排拒、阻斷，甚至惡待眞正對他好的人，都不自知。不安吸引他靠近和討好；而讓他可以經驗到安全的對象，他卻無感，或是濫用、糟蹋。即使失去了那些友善且眞正關懷他的人，他也難以反思自省，反而憎恨他們過去關懷和體貼是僞善及欺騙，認爲無論他如何傷害、不珍惜對方，那些人還是應該要不離不棄，他們的關愛才會是眞的。

這種關係中互動感受的扭曲，讓他越感覺到良善關愛，越想排斥、迴避。因爲在內心深處，他不願意成爲這樣的人。如果知覺著這世界的關愛良善，過去所經驗到的冷漠和殘忍豈不很難解釋？如果這些關愛及體貼眞的存在，那過去早年的生命，無法擁有這一切，又算是什麼？

內心對愛渴望，又對愛不相信，就算生命中，出現了能給予他愛的感受的人，他也會不屑、輕視，甚至以攻擊對方爲樂趣，爲的是證明絕對沒有友善和愛存在。挑起對方的陰暗面、激怒對方，讓對方傷痕累累地離去，都是他潛意識會驅使他進行的事。

對愛矛盾，甚至以恨、嫉妒，取代對愛的渴望，是過往我們在親子依戀關中受過重傷的表現。

深層心理對話　幼兒性格的內心戲

對愛的失望，往往讓我們形成心靈的傷口，而一次一次受傷，則讓我們形成強大的防衛機制，杜絕受傷的感受再次出現。

這就像是一隻腳跨在關係裡面，另一隻腳總是不自覺地往關係外跑，讓個體產生分裂的痛苦，內在掙扎且不和諧。若內在運作難以和諧，我們在關係中的互動行爲，又怎麼可能是和諧的？

所以，總在關係中反覆進進退退。而這樣的反覆進退，並非來自和諧狀態的彈性移動——可以在關係中相處協調，也可以在離開關係後回到完整個體的獨立狀態。這樣的進進退退，其實是混亂地不斷碰撞。兩隻腳都各有驅力，想進入關係和想逃出關係，同樣激烈而衝動。

人是有記憶的動物。若是記憶中的正向情感經驗很少，又怎麼讓我們相信，在關係裡面，人與人是可以眞誠、實在、和諧地交流和接觸呢？所以，我們總會爲自己留一處可躲藏的內在黑洞，好讓我們恐懼不安時躲進去，藏匿自己。

維持表面關係，對有情感傷痛的人來說，卻並不困難。只要不進入一對一的親密關係，社交活動中的談笑風生、展現個人社交能力等等，一點都不困難，甚至還能創造獨特的個人風格，引人關注。但只要進入一對一的關係，依戀模式和依戀需求，便會不顧一切地冒出來，開始強迫他對關係執著，非要對方表現出他想要的關注和重視，同時開始逼對方符合理想化的關係模式，要求對方順從，無限制地滿足他。

但深層內在最陰暗的角落，卻根本不相信這個人會符合理想化的關係模式。說到底，就是對方無法滿足他對依賴的需求，無法時時刻刻知道他要什麼、不要什麼，而且當不滿足的感受一出現，他就覺得挫敗、憤怒、沮喪。

特別是有一種心態：「不需要我說出來，你應該都要知道。」或是「只要我說出來，你才要給（做），這就不是眞心的。」這種獨斷式的批判語言，明顯展露出以自己爲中心的幼兒性格。

這種內在期待愛、又害怕因愛受傷的內心戲，也是幼兒狀態需求的投射，無時無刻都在關係中上演。

對愛有這番矛盾情結的人，並不知道成熟的愛爲何物，無法體悟出除了幼童時期，需要父母撫育及照顧的親子依戀關係之外，後來的關係，我們都不宜死守在「幼童」的位置，一味汲取、索討，要求另一個對象，幫我修正和實現我所渴望的完美依戀關係，好印證「我是無條件被愛的」這種存在需求。

除了神的大愛，眞正能給予我們無條件的愛和支持的人，只有自己。

因爲無條件的愛是無法以要求得來的，也不是用威脅、控制索取來的。而是需要由我們內心眞正領悟愛，通透愛的眞諦，給予自己生命存在最基本的尊重和接納，並且樂見自己體會生命的喜悅及和諧，我們才有可能實現對自己無條件的愛。

也才能在內心深處，終結對生命的心理矛盾，找到恆常存在的安全感。

讓這種「我值得被愛，不然就什麼都不値得被愛；我很好，否則就全部都不好」的自我認同混亂和兩極擺盪的痛苦，緩和下來。還給自己一個整合的完整自體（Self），接納各種矛盾面向的存在。我們都有很多面貌、很多需求，然而這不因此損害我的自尊和基本存在價值。然後，不需再找人進來生命中扮演拯救者或迫害者的角色，可以眞正在關係中安心，好好「看見」自己，也好好「看見」對方。

你可以這麼做 不過度防衛，讓悲傷是悲傷、喜悅是喜悅

你要克服這種對關係的矛盾情結，不再反向而行（例如：越在乎的關係越表現出不在乎，越該遠離的傷害、虐待關係，卻越討好、順從，或是在關係中又愛又恨的索討及埋怨）。這些情況，都使我們的關係在無盡的惡性循環中，充滿無力、沉重的束縛和拉扯，而不是在關係中眞正享受和諧的互動，心滿意足地交流。

也就是，你需要眞正自覺「矛盾」是在你身上。進退衝突，是因爲你過去的親子依戀關係所造成的傷痛，產生的矛盾和困惑。所以，你需要處理自己的矛盾情結，重新檢視幼童時期的關係經驗，究竟留在你身上哪些影響、哪些制約？哪些是超過現實層面的理想化幻想？

生命邁向成年，意味著比孩童時代能有更多理解力，能從不同的角度，重新理解過去的事件，給予這些事件新的認識、新的意義。

如果只是重演，或只是投影，就會讓我們像巡迴演出一樣，一而再、再而三地重複一樣的劇情、一樣的口白、一樣的結局。唯有給故事新的詮釋、新的觀點、新的領

悟，我們才有可能將過去留存的傷痛陰影，轉化爲成長的領悟，及對愛的啓發。

然後，開始學習對自己的感受誠實，不再以過去幼童時期，必須僞裝或掩飾，來保護自己免於受到親子依戀關係的傷害的防衛方式，繼續在你成年後的關係中，演出。過去的面具或假動作，或許眞的保護過你很長的一段生命時間，但已經讓你弄不清楚眞正的自己是誰，也分不出來什麼是面具，什麼是面具底下的自己，這樣的人生，只會帶來更多茫然，和口是心非的分裂感。

虛情假意、陽奉陰違，這種操弄式的人際互動方式，或許是你認爲自保的最好方式，卻也是你越來越孤單、越抽離眞實自己的方式，讓你模糊了自己、隱藏自己，隨時變色、變樣，好讓人看不見眞正的你。但別忘了，這樣的方式運作久了，或許你也早就遺忘眞正的自己是誰了，根本無法認出什麼是眞實的你。

尊重自己的感受，也尊重自己的情感，眞正了解自己內在的和諧及安穩，是什麼狀態。讓悲傷是悲傷、痛苦是痛苦、喜悅是喜悅、憤怒是憤怒、興奮是興奮，眞正往「從心所欲不逾矩」人生境界修練學習，從內在安穩地做自己。

因為——
學來的「怪罪」和「指責」，損害著關係

我曾跟你一樣脆弱

有段時間，大約二十出頭，我總有滿腹的不順心。看他人不順眼，也覺得環境不順心，似乎一切都是環境、他人的錯。把一切都歸咎於他人或環境的錯時，我好像就獲得了某些權力，可以指責他人為不好，都是環境的錯。

過了好多年，我才明白，這是來自於內心：害怕被視為不好，恐懼被指責不對，所以先怪罪別人。這種內在的心虛及自卑，確實困擾了我生命前三十年啊！

你有那種經驗嗎？常被某個人問：「你愛我嗎？」

最早最早，你的媽媽或爸爸，或是祖父母，反覆地、總是不能滿足地問你：「你愛媽媽嗎？」「你愛爸爸嗎？」「你愛阿公或阿嬤嗎？」

這是我們自小就累積對於愛的不信任、無法眞實感受愛的起源。「愛」在我們生活中，成了要不停確認，同時又不停懷疑的「模糊感受」。

在尙未十分懂事之前，大人要我們不斷證明和保證，要我們不斷給予愛的表達：「我好愛媽媽」「我好愛爸爸」「我愛阿公阿嬤」，但不只如此，我們還需要有符合大人的好孩子標準、乖孩子表現，才會被算是愛父母、愛家庭的表現。

當我們的表現不符合標準、不符合期待，我們很快就被指責是不愛父母、不愛家人的人。你可能並不陌生，只要稍微不照著他們的期待回應，「不孝」「壞孩子」「不需要父母了，翅膀硬了」「自私自利」「難管教」……種種批判、負面評價，就會全兜到你頭上。

不知道這樣過了多少歲月，你不厭其煩，盡可能讓人滿意，盡可能做到他們認爲是愛家的好孩子會有的表現，卻又在某一次失望的責備中，猛然發現，終究怎麼做都是不夠的，你的愛，仍輕易就被懷疑。輕易地因爲不符合期待，就被責備、被怪罪，被指控爲：你愛的不夠、你沒有把家人當家人……

「愛」，在此時，成爲令你窒息又抗拒的壓力，只要再被問：「你愛我嗎？你在乎我嗎？」你就壓抑不了全身的浮躁厭煩，想要大聲吶喊：「有完沒完？你問夠了沒？到底要我怎麼做，你才會滿意？」

這種被質疑、被指責的關係經驗，從小開始，就在我們的生活中出現。華人社會的家庭，總是以批評和指責來控制與要求孩子，成爲心中期待的理想模樣。而這些指責和要求，一點一滴內化進孩子的心裡，成爲後來在關係中，不是受指責、就指責人的角色。

我們的家庭，也非常習慣以「怪罪」作爲控訴，來引發孩子或伴侶深層的罪惡感和自責。我們很少訴諸是自己的選擇及決定，總是規避自我責任，將選擇及決定的責任推向他人：「還不是因爲你……」「都是爲你才這麼做……」

透過「怪罪」及「指責」，我們都學會了在關係中推卸責任，和沉溺在受害者的情緒中。彷彿只要一直找人來怪罪，別人就必須一直償還虧欠，彌補我的損失、補償我的受苦。而處於受害情緒中的個體，只要繼續表達無辜和埋怨，就會有人必須承擔這份罪過，接受指責。

這種互動模式下的關係不會是健康的，說穿了，就是找生命裡的代罪羔羊，來讓個體可以一直迴避爲自己的人生負責，也可以持續活在「受害者」的位置上，控制他人來滿足及補償自己。

深層心理對話　「都是你害的……」背後的依賴心

「怪罪」及「指責」對於解決生活問題，和處理關係的衝突，並沒有實質上幫助。但是，爲什麼我們還是如此慣用這種方式呢？

那無疑是我們內在的依賴心，始終沒有眞正轉化，還是想要依賴他人，來讓自己生命感到輕鬆點，不用自己背負生活中的各種壓力和衝擊。

即使已是成年人的父母親，都可能隱隱受制於這種未眞正成熟轉化的依賴心，對待著孩子。明明孩子的年紀和身軀都還非常年輕，還沒有像成年人般的穩定能力，卻反過來要求或怪罪孩子，沒有爲他們的生活問題背負解決的責任。特別是婚姻的問題、婆媳關係的問題，或是家族衝突的問題，許多父母親逃避面對，卻要孩子出面化解關係的冷點或爆點。

當孩子從小就看著迴避自己生命選擇責任的父母親，或是看見逃避、退縮，不願意正視關係問題的父母親時，他如何獲得面對關係的勇氣？又如何終結那種以哀怨和訴苦來因應關係問題的方式呢？

生命的問題，當然不容易面對，也十分複雜，但逃避面對、找代罪羔羊、發洩受害者情緒，絕對不會讓問題有任何改變的機會，甚至無形中，讓孩子也內化了逃避、退縮的方式，來因應自己的生活問題；或是有樣學樣，爲自己的人生尋找可以依賴、規避生命責任的代罪羔羊。

「都是你害的……」「被你害死了……」這些話語，都訴說著受害、受苦的情緒，指責著對方的錯誤，把自己置放於無能爲力，只能任憑命運捉弄的處境。而不是爲自己好好思考，自己的立場和角度，可以採取的下一步反應是什麼，如何能有力可施？

「正確思考」是奠基於「抱持著現實感」，能處理問題、解決問題的思考歷程。

知道事情的眞實情況爲何，能思考、搜尋可以解決的步驟及方法，並且評估最壞的可能，抱持著不放棄的希望，讓自己面對。

好的、壞的結果，都可能會發生，但重要的是，在這段歷程中，**你真正學習到面對的勇氣，成為一個有承擔力、有韌性的生命，無論人生走到哪裡，走向何方，在你生命中累積的能力、歷練、實力，都不會輕易離開你**。你也不需要再陷落於無力面對、逃避生命問題的黑暗中。

你可以這麼做　如實承擔自己，與對方相伴同行

沒有人喜歡被指責。

指責，就是用一根手指，指著你，要你負起全責。然而，**在關係中指責任何一方，都是偏頗的**。關係中發生的問題，是雙方互動下的結果，彼此都需要一起承擔、一起面對。如果用指責和怪罪對方，表示自己是無辜者、犧牲者，那麼被怪罪、指責的一方，也會因爲不平和委屈，而反攻擊、反指責，而讓關係因此決裂或受損。

負向的互動關係，往往就在彼此指責及怪罪中，讓關係持續惡化。如果兩人無法面對自己在關係中的沮喪和挫折，就會因爲壓抑沮喪和挫折的感覺，反彈爲激烈的憤怒，狂亂地攻擊對方，把對方視爲需要被解決，或發洩情緒的對象。

找個人依賴、不滿足期待就責怪，在這樣的關係中，要想經驗到深層的愛與被愛，是天方夜譚。往往留在彼此心中的感覺，是不甘心、怨恨和委屈。

在關係中，往往需要的是深刻的自覺。

我們不是在等一個人，來成爲自己生命的負擔者（那種等白馬王子來拯救的幻想），也不是要找一個人來當生命問題的代罪羔羊。**關係的重要意義，在於支持和陪伴，是一種可以從中如實認識自己、也更認識對方的過程。在相互認識及了解中，成為彼此生命的同伴或同行者**。絕不是爲了當自己不想走時，要求對方負責揹我；或是當我摔跤了，怪罪對方爲何沒看好我的腳步。

人類的天性中，都有怪罪的傾向。當生活發生困難和逆境，內心湧現挫折情緒，這時只要旁邊有人，就會立刻找個人來怪罪。即使沒人，也會想怪罪天，發洩一下鬱悶。如果無法有意識地自我克制，無法對於內在反應有所自覺，怪罪及指責就會毫不猶豫地宣洩、傾倒出來。甚至以非理性的方式，把怪罪及指責擴大成更劇烈的傷害，侵損他人的生命。

所以，除非你切實體認到，生命如何是你自己的責任，即使有不幸和痛苦的事件發生，要以什麼心境、態度思考和面對，也是你可以自己選擇、自己決定的。任何選擇，都不會是全好或全壞的結果，好事、壞事，都會在過程中發生。如果，你不學習從內在面對自己的生命處境，抗拒你需要面對、承擔的，胡亂找個代罪羔羊來怪罪和指責，那麼生命勇氣和韌性的減損或失去，也會隨之發生。

唯有面對和承擔，才能讓生命累積力量。指責和怪罪，只是讓我們找到逃避的路徑，迴避面對自己的眞實。

因為——控制和依賴，都不是親密關係中的愛

我曾跟你一樣脆弱

我的早年生命，沒有經歷過穩定安全的愛。
更多時候，都是為了生存而必須形成的依賴。
但依賴讓我非常不舒服，總像是反映我的脆弱無助。
所以我以為，在關係中如果不要再成為依賴者（無助者），
就是必須成為強者，控制著對方的行為和反應。
我以為這樣就能掌控住關係，如我期待，
卻其實對親密的關係，一無所知。

你可能經歷過愛戀的激情及浪漫，以爲那就是愛情的全部，其實不然，那只是愛

情的火花，卻不是「愛」。沒有一種愛，不需要經歷考驗，也沒有一種愛，只爲生命帶來美妙，卻不帶來痛苦。

越是親密的關係，共同走過的生命經歷也越深刻。兩個獨立的個體，卻能相互認識彼此的靈魂，欣賞和接納彼此獨特的存在，這種親密的情感，是兩個具有愛的能力者，才能相互交流分享的。

但這樣對愛的深刻體悟，是需要伴隨個體分化（各自獨立、成熟）的程度，而發展、修練來的。「依賴」才是天性的一部分，一種人類從出生開始就有的強烈生存需求。在學會爬行、走路、奔跑，靠自己行動去碰觸這個世界之前，我們透過依賴維生。在依賴中，覺得自己的生命不需費力，衣來伸手，飯來張口，只要依賴著另一個人的給予，我們就可以存活著。

好逸惡勞的天性，也使人類傾向能不要費力就不要費力，只做必要的事，如果不是爲了生存或一解內心湧動的渴求，要人類積極主動學習，克服成長所需要面對的挑戰，恐怕根本會是人類懶得做的事。

如果生命成長的過程，沒有培育勤奮的動力（人類在學齡期的生命發展任務），那麼就會讓我們更傾向退縮在親子依戀關係中，依賴成性。

依賴的人，往往需要強大的控制者，存在於關係中。控制者透過自己的能幹和壯大，管控依賴者的生活安排、提供他生存所需。依賴者則不需要透過自己行動、尋找更好的生命發展空間，來讓自己獲得更多獨立的力量，只要控制者存在，一切就會被安排好、照料好，滿足需求。

控制者雖然表面上為依賴者提供生存的一切需要，事實上卻剝奪了依賴者可以透過學習及鍛鍊獲得的生命成長。依賴者，像是被豢養的生物，在一定範圍中活動，只要不超過控制者掌控的範圍，都可依照自己的意思活動。

憑豢養而活的人，無法真正知道自己是誰。對自己的生命能力和價值，也一無所知。要透過自己的能力謀生，成了非常困難的事，也令他自己覺得害怕。依賴者一旦失去生命中可以供他依賴的人，只能不斷尋找下一段關係，讓自己可以持續有人可賴，持續在被安排、被照顧的情況下，生存。

然而，依賴，對生命的存活，並不是有利的情況。

最大的不利是，讓生命持續存活在「幼兒」的狀態，即使外在的生理年齡已成長改變，內在的心理年齡仍是處於需要餵哺的階段，等著強大、完美的照顧者，來打理、照料生命裡的一切需求和問題。爲了讓控制者不要離去，依賴者就需要維持依賴的狀態，也要維持依賴的需求，如此才不會使關係斷裂，或面對分離。

如此一來，人怎麼還會需要成長？需要眞實的獨立？

這種關係，這樣的存在，無非只是一種鎖鏈，鎖住彼此不會分開罷了。

深層心理對話　玫瑰與小王子之間的甜蜜與負擔

習慣在依賴的關係中被豢養的人，進入親密關係，要如何眞正經驗平等而相互尊重的愛呢？

就如安東尼·聖修伯里所著《小王子》一書中的玫瑰，依賴小王子的呵護和保護，幾乎將自己的生命全部都交給小王子。依賴著小王子的愛戀及給予，恣意在關係中享受這份豢養。

這種依賴的關係雖然甜蜜，卻也是負擔，長期下來，更是精神上的折磨。玫瑰處於依賴的位置，從來沒有眞正了解或關切小王子需要什麼，即便這份關係曾在他們之間留下深刻的濃情蜜意，也確實吸引小王子全心投入地關注玫瑰。但這樣的依賴關係，是單一方的汲取，長久下來必然會走到失衡的一刻；當有一天，小王子發現自己世界的狹隘空乏時。

也因爲小王子並非控制者，否則小王子會死守在這份關係中，透過照顧及給予，控制著玫瑰來滿足自己是強者、優越者、權力者的心理需求，透過這種不平等，又帶著掌控的關係，讓玫瑰在接受豢養的同時，崇拜、依戀，並屈服於他。

這樣的關係，絕非親密和諧的愛，雖然浪漫帶有迷戀的激情，讓我們誤以爲這是愛。

真正的愛，是彼此會因為愛的存在，經驗自己的勇敢，也經驗自己的脆弱。會因爲愛的存在，更有勇氣探索和接觸內在深層的自己。而非在關係中，依賴及消耗。

或許，對於內心渴望依賴的人來說，非常羨慕玫瑰的際遇，有一位深愛她的小王子存在，但別忘了，小王子也有離去的一刻，也有發現自己需要去探索眞實世界的一刻，離開豢養及依賴的關係，去經驗眞正平等而相互了解的關係。

如果在關係裡，相互都潛藏著依賴的心，將對方當作可以豢養自己的對象，而忽略或迴避自己所要面對的成長議題，阻抗需要成長的事實，那麼，惡化及越來越貧乏的關係，是可預期的。

當關係必須從「我們」走向「我」的存在時，那時候的震驚及難以接受，將會非常劇烈，無法相信自己能有足夠勇氣獨自走下去，面對這個世界。

你可以這麼做　你在關係中渴求滿足，還是活出自己？

控制和依賴，都不是親密關係中的愛，自然難以經驗到愛與被愛的平衡。一個完整的人，是能接受被愛，同時也能展現出愛。被愛和去愛，都是一種能力，都來自於感受的經驗，讓我們從體會中，明白表達愛、接受愛、分享愛，是怎麼回事。

但或許對大部分的人來說，被尊重、支持、關注、成全、欣賞的經驗是很少的，或許只在熱戀時的階段，才感受過這樣強烈的愛及被愛。過了熱戀期旺盛多巴胺的作用（多巴胺會給人幸福及愉悅的感覺），回到日常的平凡裡，這些愛與被愛的體會和感受，就顯得困難多了。爲什麼呢？因爲大腦在催情激素過後，大腦皮質的思考及檢視的能力開始恢復功能，參與愛的歷程。我們這時才得以透過理性思索、辨識、分析，探求出愛的眞相。

這時候的愛與被愛，都需要從個體的感受去確認，他在關係中所看見、聽見、觸摸到的對方，是否如他以爲的，在愛中彼此連心？彼此理解？彼此關照和支持？

對於長期處於控制及依賴習性的人，甚至已發展成控制性人格及依賴性人格，進入到關係，並非是爲了創造愛與被愛的平等、交流的關係，而是拉對方進入自己想像中，成爲心中幻想中想擁有的對象，並且要求對方的言行舉止都要符合。事實上，這樣的關係不是愛，而是操控性的關係。

要在關係中建立或發展愛與被愛的關係，需要我們打開心靈視窗，眞正看見自己的存在，也確立對方的存在。也就是不再模糊化彼此，把彼此混爲一體。並且，要能在關係中坦然面對自己，包括看見自己的恐懼、不安、陰暗，以及過往未得到滿足的需求，而不是只是將目光投射在對方身上，用盡心力改造、控制對方成爲我要的樣子。

所以，請仔細辨識，你只是在關係中渴求滿足，還是在關係中，眞正活出自己？

如果眞心要活出自己，即便在關係中有失落、挫折、起伏，甚至結束和分離，都能在當中好好看見自己、反思自己，並學習從前那些不懂的事。好好透過這些歷程，讓自己明白生命所要承擔的自我責任是什麼，而不是一再外求過去關係的替代品，抗拒生命必須經歷的成長。

因為——抗拒自立，難以有愛的能力

我曾跟你一樣脆弱

我也曾渴望被人疼愛，無限、無盡地。
我想要有人滿足我，他們能像個理想的爸爸或媽媽，
永遠不會累，永遠不會不耐煩，
永遠讓我像孩子一樣包容我、滿足我。
我一點也不想面對這殘酷複雜的世界。
如果能永遠被給予和滿足，我想讓時間永遠停下來，不要前進。

你會害怕長大嗎？
雖然很多人將「長大」解釋爲：勢利、虛假、世故、權威，有心機而不單純，但

對於個體化的意義來說，長大，是歷經成熟的蛻變，是爲自己的生命成長負起責任，**完成自己最終的模樣**。

回到一個生命發展歷程的事實，母親的子宮是全世界最安全的地方，不用靠我們自己用力呼吸，不用奔跑走跳讓自己移動，也不需要爲了生存努力拚搏。還有什麼地方，比在母親的子宮更安全舒適？無怪乎，許多人面對人生在世的疲憊和倦怠時，都曾飄過一絲念頭——眞想不要誕生在這個世界，眞想退回到母親子宮，那裡最不需要面對現實殘酷的世界。

但是，這不是生命的走向。生命的走向，都是往前邁進的，時候到了，就需要進入下一個歷程、下一個階段。就如生命的生、老、病、死，每個階段，每個歷程，都需要由個體獨立去經歷和完成。所以，我們無法倒退走，也無法退回母親的子宮，迴避身爲人都需要自己單獨完成的生命歷程。

生命的存在，終究是要離開母親的子宮；離開母體，切斷共生的臍帶，好好成爲自己。如果孩子始終不離開母體，卻在母體中做一個寄生體，那麼，母體的承載及擔負，將爲母體帶來危險和毀滅，同時也讓寄生的孩子，一同面臨死亡的可能。

生命的存在，就是爲了生存而奮鬥、歷練。爲了生存，我們發展本來不會的能力，也必須適應環境的挑戰與考驗，才能在這個世界上，存活。雖然佛洛伊德說過，人有兩種本能：一是生的本能——代表愛和建設的力量，爲生命帶來生長和增進。二是死的本能——代表恨和破壞的力量，表現爲求死的欲望。但人類在緊要關頭時，往往求生的本能更大於求死，想要再延續生命、想要再抓緊任何活下去的可能。

而這求生的動力，促使我們面對生存的難關和挑戰，讓我們走過自己的成長及蛻變，並爲這世界帶來建設和愛。

倘若我們只是一直處於受哺育的狀態，等待照顧者的給予，等待環境的供養，我們又怎麼成爲一個擁有愛的能力的人？對這種狀態的人來說，他只會不斷感受到自己的缺乏與弱小，對他的不能和軟弱深信不疑。唯有那些能給予他需求的人，才是強大、有能者。

這樣的人，他的內在語言都是：「我沒辦法……」「我不能夠……」「我什麼都沒有……」他無法給予人關愛，無法給人回應，他始終認爲自己才是需要被給予的人，除非被給予，否則他很難存活下去。

任何形式的財富都一樣，無論是金錢的財富、心靈能量的財富，或是生命資源的財富，之所以能夠是財富，必然要先能「自足」。因爲自己足夠了，不缺乏了，更多餘出來的部分，才能是我們的財富。

對一個無法有足夠能力愛自己的人，或是對自己的生存，始終覺得是缺乏而軟弱的人來說，要他成爲有愛的能力的人，去付出及分享愛，好好表達出愛，都極具困難。他內在生命的貧乏，無法使他成爲一個富足的人，也就無法去愛人。

要成爲有愛的能力的人，需要能夠自立；生命的自立、愛的感受的自立、自尊的自立。如果一個人堅信：「我絕對無法愛自己，我要等到有個人出現，滿足我、餵養我，等到我覺得飽足、覺得我夠好，什麼缺乏都彌補了，我才可能有能力愛人。」這個念頭，就會使他持續留在被給予的位置，等待著他人的供給。

一個願意自立的人，會在感受到他人的一點愛與關懷時，即開始學習；學習了解他人何以付出?他人何以能夠給出關懷?他人何以可以是這樣的一個有愛的人?

一個願意自立的人，不是只享受這種被照顧、被給予，**而是從中學習，也從中反思，試著讓自己成長為有能力的人。學著學著，他就會在練習與體驗中，越來越感覺**

到自己的「會」和「有」。內在會開始感受到有一些領悟累積下來，可以開始供給自己、回應自己，同理及支持自己。

但隱藏依賴需求的人，往往抗拒自立，甚至害怕在自立後，供應依賴者會紛紛離去。那種害怕要靠自己單獨一個人面對的焦慮與恐懼，迫使他停滯在原地，不肯移動。內在強烈呼喊：「我不行！」「我不能！」「我不會！」每個聲音都在說服自己，他的無能為力。這種心理上的自我跛腳、自我弱化，讓他可以迴避現實的發生，拒絕接受必須自立的事實。

深層心理對話　為什麼「不想變成大人」？

害怕長大的人，其實是對「現實」害怕。他們常常說：「大人的世界好複雜喔！」「大人的世界都好現實、好虛偽喔！」「我是單純的人，我不懂大人的世界。」

這些語句，都是從孩童的角度發聲。而他所說的那些大人，就是他在孩子狀態時，眼睛所看見的，耳朵所聽見的，那些令他們害怕的權威，那些強大、無情且暴力的「大人」。

在過往的日子裡，他們沒有機會好好認識何謂「成人」？生命的成熟和轉化是怎麼一回事？生命的勇氣及力量，又該如何滋長？

他們因為抗拒成為那些被他們厭惡、排斥的「大人」，以為長大，就是長成那些大人的模樣，或是變成那一掛的，所以拒絕長大，拒絕成為大人。卻不知道，他們是執意拒絕成熟，拒絕有承擔力。

《小王子》序言裡說：「所有的大人，都曾經是小孩，只是大部分的人都不記得。」大人，是孩童時期的延續，並非取代。任何生理年齡會成長的人，都會在歲月的催化下，成為大人的模樣，但這可不意謂著就能心理「成熟」，在對的時候，完成轉化及蛻變。

對許多大人來說，內在都持續活在孩童的狀態，處於需要依賴、渴望依賴的心理年齡。這也是抗拒成長、抗拒成熟的一種表現。抗拒生命所走到的階段有必須經歷、必須面對的生命責任與任務。心理仍活在孩童的習氣裡，或活在青少年狀態的衝動與畏懼的拉扯中，情緒很難穩定。

所以，不想長大的人，你需要自我釐清，並且思索：你是不想成熟，不想轉化成人，因爲你抗拒承擔自己的生命責任？還是，你不想成爲大人，拒絕成爲那些你厭惡且不以爲然的大人，這是你證明自己與他們不同的方法？

不論是哪一種原因，如果你誠實的話，就會知道，這如何使你處於「難以自立」的狀態（自尊的自立、情感支持的自立、承擔生命需求的自立）。無論是什麼因素不想長大，你都欺騙了自己，沉溺於生命可以一直維持在孩童狀態的幻想。

保有赤子之心，或讓事物的取捨變得單純，都不代表要維持幼稚的生命狀態。

赤子之心，或簡單的選擇人生選項，都是歷經人生風浪、走過人生的高峰低谷，眞實歷練過人生後的選擇，和生命的領悟。而不是，拒絕接觸、經歷現實人生，拒絕承擔任何生命的責任，排斥了解複雜的現實生活層面。只想過自己要的日子，不想關切這世界上的他人，也不想參與眞實的社會。

封閉、抗拒、隔離、拒絕，並不是保持孩童般的天眞單純，顯現的反而是，害怕這令他覺得無力面對、恐懼承擔的現實壓力。

現實之所以複雜，是因爲人性複雜。現實之所以殘酷，是因爲它不是如我們童年時的幻想，無法簡單判斷是非對錯。好人也會做壞事，壞人也會做好事；善人也有黑暗的面貌，惡人也會有光明的面貌。對孩子的認知能力來說，他尚無法統整、涵納這類「共存」狀態，就只能單一地分成：好人或壞人、對或錯、黑或白，沒有其他多元的選項，也沒有辦法處理對立衝突的兩極，在同一事物上呈現。

成熟的人，有成人所具有的調節、整合能力，接受那些好壞並陳的面貌都會在同一人身上存在，因爲角色不同、任務不同、階段不同、時機不同。之所以這些面貌會存在或出現，是人在生命成長歷程中，因應生存而發展來的。

於是可以慢慢理解，童年時期以爲的壞爸爸，是怎麼回事，但不抹滅爸爸身上有其他好的面貌、好的行爲。同理，童年時期以爲無辜又可憐的善良媽媽，在成年後也了解了，媽媽也有她的逃避行爲，及控制操縱的行爲。

我們不是要在發現父母親的不同面貌時驚嚇、自我懷疑或怪罪，而是要試著重整及理解，這些都是人性的存在，是父親、母親他們在成長歷程中，生存機制或性格發展的一部分。而不是如孩童狀態一樣，僅僅能單一認定，或以二分法判斷。

自立的一部分，就是隨著生命發展，長成獨立完整的個體，包括成人功能的發展與具備。有成熟的心態、穩定的情感連結，以及多元觀點和角度的思考能力。而不是再把童年階段的狀態與能力，遺留到成年期的階段，繼續當小孩，拒絕長大。

拒絕長大，將會帶來現實生活的諸多問題。拒絕長大的人，若沒有自覺或自我立志成長，仍會持續抗拒面對情緒上、現實生存上或人際互動上的種種問題，拒絕由內發展出勇敢克服和轉化的自我能力。

你可以這麼做　**這一次，就陪自己向前走！**

生命的成熟期，從前大約是在十八歲至二十歲，但是在這幾十年來的社會變遷與家庭觀念的改變下，越來越多人延後踏出社會的時間，也因爲家庭的供應和保護，錯過社會歷練的過程，以至於當二十五、二十八歲之後，開始正式在社會上工作、磨練生存能力時，才驚覺自己恐懼、無助，首度面臨許多能力上的不足。

普遍來說，在現代社會中，可能接近三十歲了，才感覺到眞正要靠自己的能力，在這世界上生存，也開始面對家庭後盾的限制——家中的父母親，已不再如過去一樣是永遠萬能、永遠強大者，他們開始面臨生命功能喪失，也開始面對生涯上的變動，甚至退休。往往剛剛自覺要開始自立成熟的個體（也可能自覺一切都還沒準備好），就必須殘酷而眞實地面對照顧老化的長輩，或回應長輩身心變動下的心理需求。

那種害怕自己承擔不了生命的壓力，又恐懼自己沒有做好應盡的義務，內在的焦慮及煩躁，由不得自己，總是很難安撫及平定。

都還沒有眞正的做到自己想成爲的樣子，也還沒感覺到內在有承擔的力量，社會的角色、現實的生存壓力、家庭的任務與長久的包袱，就一件一件出現，感覺到生活怎麼老是「這麼有事」？爲什麼無法安安穩穩地生活就好？爲什麼所有的問題和困難，都這麼巨大而沉重？

這種心情，我相信是多數年輕人內心的聲音，和生命存在的焦慮。

若是我們內在感覺到很難自立，那麼，所面對的這種種現實情況，就越引發逃避、拒絕的心理狀態，產生了抵抗和埋怨。

除非，我們先接受了生命的走向和歷程，接受種種生活難題、存在議題，都是生命歷程的一部分。越逃避，將會越延遲承認，越延遲承認就會讓可以學習的歷練越慢具備。當事實已在眼前，你需要的，是耐著心性，爲自己在複雜困難的情境中，慢慢抽絲剝繭，找到因應的對策，和更開展的生命姿態。

綁手綁腳地把自己困在心理洞穴裡，作困獸之鬥，終究會把自己鬥到傷痕累累，無力求生。

長大，就是要學習處理複雜的事和問題。

我們的大腦發展也是如此，只有成人才能處理複雜的事。在生命的歷程中，我們從簡單的事，學習到複雜的事。從孩子時期、青少年時期，至成年期、老年期，生命的課題也是越來越艱難及複雜。

如果我們逃避學習、逃避歷練、逃避接觸，那生命也無從回饋給我們，可以有的領悟及洞見。

陪自己學習成長，就像陪眞實的一個小孩一樣，要耐心、接納，願意引導、安撫、鼓勵、支持，陪伴內在的自己，有信心和意願去面對、練習、克服，直到累積足夠經驗後，自然而然地轉化、蛻變。

如果你真心願意成長、成熟，沒有什麼可以攔阻你的學習。只有你自己拒絕自立、拒絕轉化，生命才會停在某個狀態裡停滯、封存。

我曾經和一名三十一歲的女性會談，她的生命在突然之間驟變，喪母之慟未平，父親又緊接著罹患帕金森氏症，亟需人照顧。她一方面需要處理母親的喪葬後事、遺物遺產處理，另一方面要面對父親疾病的緩慢惡化。她內心的壓力很難言喻，她誠實地說著她好氣，過去父母親忙碌，只顧著自己的生活，鮮少關注她，她都沒好好經歷過被照顧的感受，爲什麼突然之間，她要被迫長大？她要成爲他們生命最需要依賴的對象？

她紅著眼眶，表情非常糾結而複雜，既哀傷又憤怒。我靜靜問了她：「妳好想逃，好想跑，好想叫自己轉身過去，什麼都不要管，是嗎？」她用力點點頭。

我又說：「可是，妳沒有。我看著妳，即使很困難、很多問題、很多複雜的事要妳處理，要妳面對，妳還是盡力做著，盡力安排著時間和心力，盡力完成。是什麼原因讓妳這麼做？」

她擦去眼角的淚，搖著頭，告訴我：「我不能再逃了，我逃很久了。我從生活中許多困難及壓力逃開。以前可以說服自己，逃，是因爲沒有人關心過我、陪伴過我，我當然不知道要怎麼做、怎麼面對。但這一次，我不想逃了，我知道我再逃下去，過去和現在沒有學會的，都會留在未來等我。我不想再過那樣逃的生活，也不想總是覺得自己無法面對成長的過程。這一次，我知道很難，我也覺得很累、很煩，但我想陪自己面對，陪自己走過。讓自己知道，這一次，我可以的。」

聽到她的這段話，我的眼角，不禁泛了淚光。

這是生命的勇氣及韌性，即使害怕、無助、自我懷疑還是會出現、依然存在，但內在對自己的期許和支持，讓生命願意往前跨一步，而不是轉身向後跑。

即使前方的路肯定崎嶇不平，肯定充滿許多我們還無法從容面對的經驗。但是，就是讓自己臣服、讓自己謙卑，讓自己彎下身來，靠自己，一步一腳印地走過。

焦慮、憂鬱、煩躁、憤怒，為何總跟著我？

你總期待明天將會有所不同，
但明日卻往往是今天的重複。
——詹姆斯・T・麥凱

因為——想隱藏缺愛內在小孩的焦慮

我曾跟你一樣脆弱

過去的我，在經歷很多受傷及失落後，
我不想再輕易讓人看見我的脆弱。
所以我不承認我需要愛，也拒絕接觸自己的內在真實情感。
我討厭自己有情緒，也討厭自己有被安撫的需求。
當我的情感經驗到脆弱時，我會嚴厲地對自己說：
「你真麻煩，真是一個糟糕的人。」
然後，我就會更沮喪、更煩亂，更加厭惡自己。

撒嬌，是每個人在還是孩子的時期很自然的需求。幼年時的撒嬌，讓我們經驗到依賴的滿足，也讓我們感受到與父母親密靠近，獲得正向情感的愉悅經驗。

但有些孩子，在非常小的年齡就被過早禁止撒嬌，必須強制壓抑住撒嬌的需求。如果還要反過來滿足父母，成爲討好父母的孩子，在這樣的情況下，撒嬌需求未獲滿足，不僅心智會很難眞正隨著生理年齡成熟，還會在成年後，投射在生活各個面向，以彆扭又難以安撫的混亂情緒，索求他人給予關注及在乎。情緒的動盪不安，讓他難以自處，也難以自我了解和自我獨立。

也就是，一旦有內心需求，因爲沒有經歷過撒嬌被安撫的經驗，也就無法自我安撫，調節內心不穩定的情緒，亟需一個他者存在，給予反映、回應、安撫，協助調節。

這些形成，都來自我們童年時，撒嬌被視爲不正當情感，不僅被阻斷，還被破壞。以至於我們未有完整體驗親密情感自然流動的經驗，並常常誤把撒嬌表現的情感需求，視爲羞恥、軟弱的表現。

長大成年後，對自我的親密感，及與重要他人間的親密感，往往也會在「要壓抑」與「壓抑不住」之間矛盾衝突，引發不少人際關係焦慮。

如果你知道，幼年時，你過早失去撒嬌的權利，也過早被剝奪了情感親密的經驗，那麼，現在的你，就要正視自己的撒嬌需求。學習以合情合理的方式，承認並回應自己的需要，並嘗試體會自己內在自然的情感流動。別再以過去早年經歷的方式，阻斷自己、否認需求，同時又幻想會有人永無止境地了解和滿足你。

情感，既是自然生成，就會是「流動」的。只有未竟的情緒感受，會固著僵化，難以流動。未竟情緒，甚至會以矛盾的執拗，非要不可，卻又無法承認自己的需要，而變得混亂、曖昧。爲了顧及尊嚴、害怕受傷，就在「要與不要」之間痛苦掙扎，無法明確表態。

要了，覺得自己丟臉、處於弱勢；不要，卻又覺得失望、委屈，落寞而憤恨。

如果是自然的情感需求，就自然地表達，並合理接受他人的回應。他人也有他所能夠和不能夠的回應。如果他人不能給，也不必因此用挫折攻擊自己；覺得開口要的人就是輸了，開口要的人就是丟臉，所以認定自己很沒尊嚴、很羞恥。

你願意學習疼愛自己，允許對自己疼惜、呵護，願意讓情感貼近眞實，這些都不再需要等著他人認同、允許。

單單允許自己表達，願意讓自然情感流動，就已完成了自己的情感經驗和歷程。

在重要的關係中，你表達你的情感需求，無論是親密的、想被呵護的、想得到慰藉的，都來自生命原本就有情感連結及親密的需求。特別是關係中的伴侶、親子，更需要感受到親密的靠近和同在。所以，表達出這份情感需求，並不可恥。

或許對方仍似一面牆，無動於衷，或是防堵你的情感流入，而冷漠無感，這些都可能來自他個人的狀態或因素，使他的情感封鎖，無法流動，或抗拒了去感受不熟悉的情感交流。你不需要因此看輕自己，嘲笑自己自作多情。

表達情感的經驗，如果在你的記憶裡是與嘲諷、譏笑連結在一起，想起過去有人對著你說過的：「羞羞臉，要人家抱。」「幹嘛這麼噁心，很肉麻。」「不要撒嬌，丟臉！」你就會在經驗到自己有情感需求時，覺得不安、焦慮，想要隱藏一個需要愛及呵護的自己，討厭自己脆弱和想要依賴的時候。

但你又無法確實從內在生出愛來呵護自己，於是你只能偽裝，假裝自己不需要，勸誡自己不該去渴望和期盼，應該快點接受這世界沒有愛的事實。但事實上，你還是可以感受到內心的孤單和落寞，帶著一絲不平，埋怨他們爲什麼沒有主動看見你的需要，爲什麼沒有人主動對你表達關愛和溫暖？

一個人的外在表現和內在運作活動無法一致時，人就會呈現出「彆扭」——一種別人怎麼回應都不對的情況。無論別人說了什麼、做了什麼，都無法因此得到安撫，也拒絕相信他人的回應和說法，是出於眞誠。執意認爲他人正在傷害你，正在辜負你。

深層心理對話　撒嬌被拒症候群

你有沒有這種經驗？你很在乎某個特別的日子，特別是自己的生日，內心裡其實渴望有人爲你慶祝、有人記得送上祝福，或是重要的人可以爲你精心策畫。但是，你一定不會從口頭上表達出來，你覺得如果開口要了，就是弱者。如果因爲你開口要了，別人不得不送禮物或安排什麼，這一定都不是出於眞心。

於是，你假裝自己並不在意，假裝不記得有什麼節日，直到那一個重要的日子來臨，身邊的人眞的沒有任何特別表示，也沒有特別策畫安排，連一個關注也沒有的時候，你心中憤怒翻攪，交雜著沮喪、哀傷、委屈、不平，你不敢相信他人怎麼可以如此輕忽你、不在意你？過去你給他們的關注、在乎，是這麼的多，是這麼主動設想，怎麼到你的時候，他們卻毫不在意？

但是，爲了保持尊嚴及優雅，你忍耐著、壓抑著這些情緒感受，你悶不吭聲，不想說什麼，卻還是難以隱藏地讓關係處在有點僵的狀況。你討厭表達需要，討厭那種就算說出來也沒怎樣的困窘裡。如果他人還是無動於衷，什麼也不回應，那不就是你讓自己難堪、糗了。

即使，他人果眞精心安排，也藉著特別的日子，想要給你一些驚喜，讓你覺得開心，不允許自己顯露情感的人，還是可能會刻意板著臉，端著一副這又沒什麼，幹嘛浪費錢、浪費時間的姿態。有時候，嘴巴還不自覺地開口挑剔一些不滿意的小地方，以隔離可以感受到喜悅及快樂的經驗。

簡單的說，有情感彆扭的人，無法讓自己眞實而自然地，在當下感受眞實的情感，特別是喜樂的、幸福的、溫暖的、滿足的，都是不允許經歷的，也不允許大方表現出來。

這種種反應，都來自於我們小時候經歷非常多情感上的拒絕。

在對親子依戀情感有所需求的年紀，我們需要從依戀的重要對象（通常是父親、母親）得到我們需要的愛和呵護，透過像是擁抱、依偎、牽手、親吻臉頰等等行爲，來感受到父母親對我們親密與愛的需求的回應。同時，共同參與並經驗屬於彼此的情感流動歷程。從這些過程中，不僅能累積親密感和信任感，同時也立下了未來能向親密伴侶表達親密、感受親密的重要基礎。

反之，如果我們對父母親表達了情感需求，及想要親近的行爲，擁抱、依偎、輕吻、牽手時，卻是被嘲笑、推拒、斥責，甚至攻擊，那會在幼年我們的心中，留下關係親密的恐懼及挫折，有時候還會留下驚嚇。

有不少成人在幼年時都經歷過，在需要親密、呵護時，被嘲笑和排拒的經驗。特別是權威性或控制性強的父母，對於孩子需索呵護的撒嬌舉動，會難以忍受，而加以壓制。權威性或控制性強的父母，對於孩子的表現要求高、嚴格，或要求孩子符合自己訂的規矩，較難接受「孩子氣」。對於孩子的情緒，往往以任性爲評語，認爲應該加以修整，給予孩子嚴格的管控。

如果父母親任何一方，有人較能理解情緒、體恤孩子的需要，並予以引導，或許還能補償孩子在嚴格管教下，所壓抑克制住的撒嬌需求。倘若父母親雙方都是傾向缺乏情感關注、冷漠對待孩子，孩子在需要情感撫慰、需要獲得親密的安全感時，缺乏相關經驗的父母，不僅無從體會何謂情感調節、情感撫慰，也無法讓孩子信任他在重要關係中，是被接納、被允許表露情感的；特別是脆弱的時刻。

你可以這麼做　練習時時與自己「連線」

有能力回應自己撒嬌需求，你才能在內在真正有了照顧自己的能力，穩當地與自己靠近，整合好自己。

如果你不允許自己經驗情感的需要，就無法及時即刻與自己連線，也無法即時回應、照顧自己。

一個人如果不允許自己經歷真實的情感歷程，那大多是來自嬰幼兒時期缺乏愛和撫慰的經驗。缺乏被撫觸，也鮮少得到情感的反映（透過主要照顧者對孩子內在經驗的同理回映）。那麼，在事件歷程中的你，就無從透過主要照顧者的情感反映（像鏡子一樣映照出內在感受），知道自己的經驗究竟是怎麼一回事，也就無法因此貼近自己。

如果這是你幼年的成長情境，你在長大後，就會出現一種現象，很難貼近自己的感受，也無從深刻的知道自己的情緒是怎麼一回事。甚至會出現某些情況，像是當你想要好好感覺你自己時，卻覺得有一種說不出來的隔閡、距離，或是產生空洞、無感的反應。也就是，你很難眞正了解「自我覺察」是怎麼一回事，無法了解自己的內在活動，究竟發生了什麼。

這種茫然、空洞的感覺，讓你無從表達自己，也無從敘述出內在的經歷和反應。你可能有種說不出的不安和焦躁感，但你還是不確定自己究竟是怎麼一回事。

如果，我們想要開始感覺到自己，那麼所謂的自己，就是你會有獨立的思考、獨立的情緒感受、獨立的行動決定，時常反觀和覺察自己在動的念頭、在產生的情緒、在企圖進行的行爲，你才能開始了解「自己」怎麼了。

越能覺察自己正在發生什麼情緒，越能知覺到此時此的自己，正在受什麼刺激，正在反應什麼內在歷程，我們就能透過這些辨識與覺察，及時給予自己關照和回應。而不會只是如過去的遭遇一樣，只要有感受、有情緒，就被斥責、嘲笑、辱罵，或被冷漠無情對待。

不需要再把情感的表露，視爲一種可恥或是不道德的事，而加以壓抑、禁止。我們可以對情緒歷程有更多耐心和涵容，但重要的是，陪伴著自己理解自己的情感需要，當自己感受到自己不OK時，不再很快地覺得愧疚或自貶，而是接納自己有所衝擊、有情緒起伏。當自己經歷到情感的失落與脆弱時，接受這是人之常情，只要是人，都會需要安慰。

因為——
總害怕自己是「錯誤」的沮喪

我曾跟你一樣脆弱

小時候，常會聽到周圍的大人對我説，我的存在是個麻煩，讓許多人得代替我的父母親承擔照顧我的壓力。照顧我似乎讓他們很不開心，很煩惱。於是，我要自己小心謹慎地做對別人要我做的，讓大家滿意。如果我做錯事，就會讓他們搖頭嘆息，覺得自己辜負了他們，而厭惡自己。

你有沒有覺察到，其實你很習慣被恐嚇和威脅……

從非常小的時候開始，在你不自覺的時候，你就接受大人對你說：如果你不好好聽話，我就不要你……

再大一點，師長對你說：如果你沒有好成績、沒把書讀好，你以後就是社會的敗類、沒用的人……

再大一點，到處都有人跟你說：如果你不機靈一些，不多表現、不積極一點，不識相一點的話，你就跟不上潮流、跟不上時代，會被淘汰。

甚至私人生活中，總是有人告訴你，如果你敢這樣那樣，你就會等著完蛋……

我們的社會習慣性地以恐嚇和威脅，不斷告訴我們，這是一個充滿恐懼的世界。你若一不保持警醒，就掉落在無法翻身的罪孽深淵。然後你會被排除、被唾棄、被放棄、被看穿、被恥笑、被拒絕。

卻不是告訴我們，或引導我們發展出、成就出一個有自信、有勇氣、有好奇、有冒險、能自我思考、自律的，有感受愛與付出愛的能力的人。

而你也忘了，究竟自己想成爲一個什麼樣的人，單單因應那些恐嚇和威脅，害怕自己不被他人接受及認可，就花掉你一大半的生命力氣。

停止接受那些威脅及恐嚇的聲音吧！你的生命，不是用來經歷那些威脅和恐嚇的。你的生命，是爲了創造——創造屬於你的體驗，創造屬於你的故事，創造屬於你的生命與這世界接觸的火花，創造屬於你人生的精采。

無論是什麼樣的人生經歷，你都可以自己思考、自己明辨、自己體察，也自己選擇。如此，你才能學會自己承擔。

如果，你拒絕是自己，寧可失去自我，爲了迎合這個世界的要求及評價，那麼，不會太久，害怕自己犯錯、失敗的恐懼，就會緊緊跟隨你，寸步不離。

沮喪的反應，從人一出生後不久，大約三、四個月大時，就可以因爲外在環境的無人關注、無人即時回應需求，而感覺到失落和沮喪。嬰兒由於無法透過自己行動，必然一定要透過外界的給予與協助，才能滿足需要或解決問題，如果他需要外界時，卻總是沒有人回應、關注，給予解決，他的無能爲力，會讓他必須在忍受中，經歷自己的挫折和沮喪。

挫折和沮喪多了，孩子將處在低落的情緒狀態中，如果再加上缺乏正向情感連結及互動，沒能累積夠量的正向情感經驗值，那就無從平衡、調節生活中所經歷到的低落和沮喪情緒。

所以，當你從小開始，環境充斥的訊息不停告訴你：「小心別犯錯」「犯錯就該死、不可原諒」「犯錯就會完蛋」，這些恐怖威脅的話語，會讓你持續處在恐懼情緒中。無時無刻的巨大恐懼，讓你不由得焦慮不安，令你想逃離那些讓你感受到威脅、壓力的情境。

你知道離不開、逃不掉，深陷其中的你，就會在沉重的沮喪感和挫折感中載浮載沉，令你無法對自己的生命感到有希望，也無法對自己悅納。

活在別人的規範和威脅中的人，很難眞正有自己的定見及看法。任何看法或主張，表達出來時鮮少被肯定和鼓勵，反而常是被訓斥或反駁，或是被潑冷水。這樣的情況多了，就會害怕當自己表達時自曝短處，讓別人有機會斥責、糾正和否定。

害怕自己被指爲「錯誤」的人，也會產生自卑心理，總覺得自己是不好的、低能力的。爲了避免遭遇到攻擊和否定，他必須隱藏自己，不得不沉默，以沉默作爲跟世界保持距離以策安全的方式。不多說、不多表示、不多顯露自己、不多讓人看見自己的眞實……那就可以防止別人指責我有錯，否定我或訓斥我，也避免遭遇任何危險。

這種自我保護的方式和態度，是許多人防止自己被攻擊、被斥責的方式，也是許多華人小孩抵抗權威、隱藏自己的方式。但同時，這也是模糊自己的方式；沒有風格、沒有特點、沒有令人印象深刻之處，頂多給人的印象就是：乖、個性好像不錯、好相處，卻是最容易被忽略，也最容易被遺忘的人。

當覺得自己時常被忽略、不受重視，也無法因爲自己的展現，而獲得他人的關注及尊重時，可想而知，沮喪、挫折，和委屈的感受，就會席捲他的內在世界。

如果累積沮喪、挫折，無從得到排解，也未曾開始醒悟，願意尋找眞正的自己，那麼沮喪和挫折、委屈，可能因此惡化爲嫉妒與忿忿不平，讓你開始痛惡那些讓你覺得擁有很多的人。

深層心理對話　因害怕犯錯而生的自卑與自戀

人，誠實地面對自己最好。

即使這個世界、這個社會，無法讓我們完整呈現眞實的自己，畢竟世界的運作，有其社會的規範、組織環境的運作。但只要我們內心勇於承認眞實的自己，也願意傾聽自己內在的眞實感受和聲音，就能讓我們避免因爲否認、壓抑或漠視內在眞實的自己，而引發超出控制之外的情緒風暴，扭曲我們的性格，偏執看待所處的世界。

你也許過去常被糾正、指責犯了很多錯誤，在一片錯誤的訓斥聲中，你經驗到的不只是害怕犯錯，而是失去自信，一種信任自己、肯定自己的能力。

如果不想活在自卑的挫折裡，反彈的動力可能讓你抵抗環境和權威，並以自戀作爲自卑和沮喪感的補償。沒有自卑，就不需要拚命追求優越或吹捧自己。

害怕被指爲錯誤，恐懼自己像弱者一樣被欺壓，心理便會形成強大的防衛系統，防堵任何外來的批評與攻擊，並且對那些攻擊、羞辱自己的人懷抱恨意。對於經歷自尊受傷的感覺，有十分強烈的痛苦反應。

若要維護對自己的正向觀感，就必須全然阻隔那些來自外界的負面批評，把自己鞏固在絕對完美的位置上，甚至盲目愛戀自己。無論如何，都把自己視爲正確、優異、高人一等的人，以此保護自己的自尊，不讓任何可能的質疑、批評進入內在系統，傷害自尊和價值感。

當一個人必須時時刻刻說服自己，自己的完美、優異及特別，到了孤芳自賞的程度時，就顯示這人和現實之間的連結已經有了阻礙，現實已經無法與他交流。他無法在社會上，透過溝通、分享或討論，經驗到被了解、被接受。

自卑，會讓我們痛苦；而自戀，是讓他人痛苦。自卑，讓我們否定自己；自戀，讓我們否定別人。

但其實，不論是自卑或自戀，它們是一體的兩面。是我們對自己形成的觀感，界定我們在這個世界的位置和角色。不論往哪一邊靠，如果我們沒有對自己懷疑、厭惡、否定，或強烈害怕自尊受損，又怎會需要極端地往任一方靠攏呢？

你可以這麼做　練習覺察自動化的情緒歷程

健康的情緒反應，並不是只要感受正向情感。而是，能不偏頗地在生活中，真實而自然地，體會合情合理的情緒反應。不否認、不壓抑、不誇大，也不漠視。

人類之所以有那麼豐富的創造力，天馬行空的想像、發明、創作，或是寫出可歌可泣，可以感動眾人的歌曲、戲劇，這些都來自我們有情感能力；能感受情緒、辨識情緒、表達情緒，以情緒爲人與人之間的連繫管道。

所以，不是只要一直保持正向情緒就是好的，產生負向情緒就覺得自己糟糕。情緒的發生，是來自情境的刺激產生的內在變化。當刺激源出現時，會激發出特有情緒，產生出認知想法和行動反應，來因應刺激源的發生。例如，被要求在有限的時間內提交出報告（情境發生的刺激源），會引發焦慮和緊張的情緒，同時產生認知念頭，像是告訴自己「你可以辦到的」這類內在激勵，來推動自己加快動作，完成任務。

適當的情緒能量，是一種動力，推動我們思考和行動。但是，若情緒太過活絡，產生太強烈、甚至難以控制的情緒反應，便會造成我們反而遭情緒控制，被情緒挾持的情況。在情緒主控的情況下，我們的思考及行動能力，就可能遭受限制，而無法共同合作，爲個體產生在現實上眞正有益處的反應。

有些人的情緒反應，非常強勢而失控，當發生了一些引發他負向情緒的情況時，一下子就被情緒襲擊，像是狂風吹襲，把人撕扯得四分五裂，失去思考力和行動力，只能停在原地僵住、困住。

如果情緒淩駕於思考力與行動力之上，就會限制思考和行動的功能。

成長過程中，當某些情緒經驗過於密集，這些情緒經驗就會一次次激發、一次次累積，然後被大腦的邊緣系統儲存下來，只要情境到了，刺激源來了，情緒就自動化地激發出來。

所謂「情緒自動化歷程」，指的是：當情緒產生時，無意識（覺知）的自動化歷程，由視丘接收到感覺訊息，經由杏仁核傳到下視丘，立即啓動自律神經系統（緊急應變）及內分泌系統（長期抗戰）來作反應，缺少了意識和思索。

情緒，是有「記憶」的。過去生命歷史所發生的遭遇和事件，儲存了許多情緒有關的記憶在我們的大腦中。這些「情緒記憶」爲何要被儲存呢？無非是爲了讓我們生存！讓我們透過「情緒記憶」，知曉當下的情況應該用什麼情緒反應因應，好讓我們得以生存。

比如，害怕與恐懼的情緒，總是提醒我們危險在哪裡。如果哪裡有危險，我們就該避開、逃跑，趕緊尋求能夠生存的出路。

所以，害怕與恐懼，原本的功能是爲了讓我們找出生命的一條活路。

但是，當情況反覆在生活中發生，幾乎沒有例外，那我們就會被迫只能重複產生同樣的情緒反應。還來不及意識到發生什麼情況，也無法思考下一步的解決方法，恐懼情緒就大量引發，限制我們採取其他行動的可能，讓我們什麼都不能做，也不相信自己能做什麼。

所以，如果要讓情緒不再自動化發生，卻對它無可奈何，並且受到它強烈侵襲和翻攪，我們就需要練習覺察自動化的情緒歷程，意識到情緒正在發生，好來得及思考和辨識：情緒的引發，是否合乎現實的情境？還是大多數的情緒發生，已遠離了現實，直接混入過去經驗中的威脅恐嚇，完全忘卻了此刻現實中的自己，與過去有什麼不一樣的能力。

意識情緒發生的歷程（讓我們能控制情緒的路徑）：視丘接收到的感覺訊息，先傳到大腦皮質，再傳到杏仁核，接著傳到下視丘，啟動自律神經系統和內分泌系統作反應，同時把訊息回報給大腦皮質。大腦皮質的介入，使我們能意識和思考如何調節、控制情緒帶來的自動化反應，減少受情緒波及的傷害之苦。

也就是，情緒的發生，都來自刺激源。那麼，刺激源是什麼？刺激源是怎麼發生的？刺激源如何激發出這樣的情緒反應和情緒歷程？以及，刺激源眞的是刺激源嗎？值得我們覺察、發現，重新思考。

當我們的思考，越能和情緒搭上線，與情緒一同合作，我們才不會是一個受情緒壓制、操控的人，也才是一個完整的個體。讓思考和情緒，幫助我們適應生活，發揮有功能的自己，而不是受制於情緒，而對自己的生活問題，一籌莫展。

所以，如果你只是害怕過去時空中的某些遭遇與經驗再度發生，害怕讓你遭遇相同的歷程、相似的處境，而不得不以過去的方式或姿態，反應現在相似的生活問題，那麼，你或許太習慣否定自己；否定成長後的你，現在可以具有的新能力及新力量。

今非昔比，你一定有所不同，除非，你選擇不看見眞正的自己。

因為——強悍、絕不能輸的性格，讓你無法調節情緒

我曾跟你一樣脆弱

幼年的情感受創，讓我對於自尊的受挫特別敏感。
所以我不允許自己挫敗，也難接受被奚落嘲笑。
越是感受到他人的輕視和諷刺，
我的怒氣就會快速湧現，防衛我的心，免於再受傷。
久而久之，我成為強勢而剛硬的人，
對於所有的脆弱經驗，我都想杜絕，排拒在我的感受之外。

「堅強，再堅強」，是過去在種種逆境中好不容易生存下來的個體，對自己的要求，和他們信奉的生命信念。總覺得只要告訴自己：「要堅強，不能倒下！」自己就

眞的感覺不到害怕和脆弱。生命，就能不斷承受，扛住所有的生活問題與要求。

你我的生活周遭不難發現這種性格強悍的人。或許，你正是其中一個。

然而，生命不可能只有堅強經驗，而沒有脆弱經驗。唯一的可能性，就是我們讓自己不要去感覺，用壓抑、否認的方法，不去感覺自己內心的眞實感受。

過去的威權時代，讓我們一大部分人，都活在「應該要……」的框架下，用這一套「應該要……」的版本，來要求自己和別人符合社會認爲「正確的」行爲表現。不論是人生的哪個階段，都有你「應該要……」的標準出現，告訴你，該怎麼爲人處世才是正確無誤。

「應該要……」的指令，大都涵蓋許多高理想期待、高標準的要求。這些理想和標準，讓我們有了努力的方向、提升的目標，當然不是全然無用。但是一旦這些理想和標準，已經失去由人親自去體驗、領悟或去選擇的歷程，變成是一種由上而下的命令和要求，並且失去彈性，非達成不可時，接受太多「應該要……」訊息，就會把人逼到絕境，強迫人要符合和服從，以避免受罰、受責備。

接收過多「應該要……」訊息的人，是受控制制約的人，就算違反了自然的人性，也抑制了自己的眞實體驗，還是寧可忽略自己的感受與經驗，追求著被周遭環境中的權威對象認可、接受，討得獎勵。

這種想要被主流價値接受、被社會評價肯定的內心渴望，對任何人來說，都不容易擺脫。**所謂「被討厭的勇氣」，對東方講究階層權威及群體運作的社會來說，都是一份艱難的生命蛻變，和不容易的思維翻轉。**

無論如何都要強，絕不能輸，這也是社會常常在傳遞的價値觀。「不能倒、不能認輸，一定要堅強」，不管發生什麼大大小小的情況，只要事件中帶有一些傷害、傷心、失落、挫折，這樣的話一定都會出現。

也不管事件爲何，當事人此刻需要的究竟是什麼，「加油、加油，你一定可以的」，也是一定會出現的語句，期待人不要發生會讓生活步調停頓、停滯的情況。

許多人，從小到大，都是如此堅定地認爲，必須以「要堅強、要完美」做爲自己的人生信念。

但是「不允許倒下」的人生，往往倒下時，最讓人措手不及，也最無從彌補。

以強大的信念要求自己不要倒、不要停、不要終止前進，強力抹滅自己的生理及心理的回饋反應，特別是已發出警訊的身體疾病，和已經混亂不穩定的情緒狀態。這時，「必須凡事自己扛起來，不能帶給別人困擾及麻煩」，這種強烈信念，和太滿的責任感，就會把人逼到臨界點，逼到最後一根理智線斷裂，徹底坍塌崩潰。

最常出現的失控情緒困擾，是焦慮和憂鬱。

「不能倒」，其實已經是一種「快倒了」的警告訊息。因爲種種理由和因素，告訴自己「絕對不能倒」時，這並非鼓勵或肯定，而是強迫性地要自己「非做不可」。往往強迫的指令一出現，個體就會忽略現實中發生的訊號，無法思考前因後果或替代方案，強力要求自己「只能這樣做」。

如果個體及早知道自己的眞實情況，也接受自己身心方面的訊息回饋，他或許來得及調整自己所背負的壓力，適切地幫自己安排能得到身心照顧的策略，

不允許自己經驗心理脆弱感覺，不允許自己喊「我不行」的人，往往就是最疏忽自己的人，無法以現實感體認自己。

他們活在某個時空膠囊裡，爲了符合某個時空下，權威者的指令和要求，覺得自己無論如何，都「應該」要堅強、要能幹，不能輸和軟弱。無論如何，要把自己的感

覺擺最後，甚至不要有任何情感關注。

這種種社會心理因素，讓不允許自己脆弱、不允許自己無能的人，唯有繼續扛著，扛到自己眞正倒下的一刻。許多罹患憂鬱症的患者，翻閱他們的生命歷史，都不難發現，他們的生命面貌，都不是會表現軟弱的人。往往他們都要求自己，必須很有能力，也必須要盡責地扛下許多責任；即使那些責任，事實上並不屬於他們。

要自己無論如何都「不能倒、不能認輸，一定要堅強」的人，就是這樣一關一關地過去、一關一關地承受。他誤以爲，可以否認自己擁有情感的事實，也可以否認自己是一個有機體。

他忘了，人的行爲，無論怎麼選擇或反應，都有要付出的代價和後果。

要強的性格，終究會讓情緒失衡，同時也失去了調節情緒與照顧自己的良機。

深層心理對話　你不想承認，你受傷了

爲什麼必須執念著「要強」呢？

那是因爲，你想掩藏受傷的事實。想否認自己眞的會害怕、會難過，也會傷心的事實。

過去，當你還是一個弱小的孩子時，你的害怕、傷心，讓你哭泣。但哭泣不會讓你獲得安慰，只是招來更大的羞辱與攻擊。甚至，會讓你遭遇排除，只要你表現不夠堅強、不夠有能力，他們就威脅不要你了。

那種否定你的價值，認定你是次等品、劣質物的批評，讓你感到受傷，也讓你害怕眞的會被驅逐，被當成不必存在的東西丟棄。於是，害怕被丟棄的你，開始故作堅強，開始要自己無論如何都要背負起他人的要求及期待，要成爲他人口中，無可挑剔、無可抹滅價值的一個人。

你透過讓他人依賴，滿足他人的需要，來讓自己覺得有價值，也讓你感受到強烈的存在感。他人有事情，就求問於你、依賴於你，你也總是樂於表現出，只要有你

在，一切就沒問題的模樣，讓人覺得你十分可靠、十分堅強，也很有辦法。

你總是以各種人生勵志的口號標語期許自己，希望自己眞的成爲人上人，可以證明自己的存在絕對有理。你要證明自己不是廢物，不是過去那些傷害你的人，所瞧不起的那個對象。在成長的過程中，你已經讓自己成爲有能力，也絕對不再輕易軟弱的一個人了。

只是，你從來不觸碰自己的感受。有感受，對你都是危險的事。你特別不喜歡經驗害怕和無助的感覺，那會讓你感覺自己很沒用，好像又回到過去那種被威脅要遭丟棄的小時候。

你不想去承認，過去被威脅要遭丟棄、遭排除的經驗，對你來說，是何等大的恐懼和無助。你不想再看見那些時空下，一個看起很脆弱、可憐的自己。那讓你覺得太羞恥。

你拚命往前跑，拚命想長大。有能力，無非是想快快離過去的自己，遠遠的。

你以爲你離那個自己越遠，你就越能撇開他。不會再有人看見你身上，有那個無助、脆弱的樣子。你要確保，自己再也不會與那個自己，沾到邊。

你沒有意識到，你是認同了那些傷害你的人，和他們一起羞辱你、批評你，排除你自己。

如果沒有表現出符合那些要求和期待的標準，你就會不安，覺得自己罪大惡極，充滿羞愧感和自責。

你完全無法意識到，你對待你自己的方式，是何等冷漠無情，把自己視爲一個使命必達的工具，也總是把自己拋在腦後。

對你來說，他人的需要，他人的滿意，都比你自己來得重要多了，天經地義。但是，若是要你體恤自己，或是重視自己，對你來說，「自己」卻是你不想多加關注或在乎的對象。

他人的肯定，讓你心安。但你對自己的肯定，讓你覺得心虛。

你怎麼也無法忘記，你曾如何咬緊牙關，要自己撐住一切，扛住所有迎面而來的要求和指令，只爲了確保自己可以活得安心。沒有讓人困擾，沒有令人搖頭，沒有造成任何人的失望和厭惡。

你可以這麼做 從脆弱中體會自己的溫柔

你需要擁抱回自己眞實的情緒，才能開始擁抱完整的自己。

過去的心理受傷經驗，讓你在遭排除和羞辱中，誤以爲，那個會感覺到脆弱和無助的自己，是很糟糕的。在強烈的指責、批評中，你把那被環境拒絕及否定的脆弱自己，摒除了，因爲你不想再經歷類似的羞辱和傷害。

你以爲只要努力成爲環境要求的那個樣子：能幹、聰穎、強勢、厲害，沒有事情會難倒你，沒有事情會令你恐懼或無助，那麼，你就會得到欣賞、關注及被愛。

我想要請你看見這樣的一個自己；不認輸卻認命，不問自己的感受，只問別人的需要，這樣的一個自己，你有多麼陌生而疏離？有多麼無法面對、無以靠近？

在你內心，你對一切事物，都以絕對的好或壞、強或弱來劃分，所以若要自己是強的、好的，就要用力阻止自己是弱的、是不好的。這種強烈的優劣感，讓你極端地對待自己，也極端地評價別人。

除非你意識到，以極端的優劣二分法來看待自己、評價別人，是多麼偏頗，也失去對人（包括對他人及對自己）的寬容和善待。否則，你如何能還給自己一個重新選擇的機會；重新理解生命存在的意義，重新選擇如何對待自己。

生命存在的意義，重要的是體會人生裡眞實的情感，透過這些情感歷程，認識完整的自己，也領會人生必然要走過高峰與低谷。**而高峰與低谷，都不是只為了鞏固一個夠堅強的自己，而是要我們更懂得對生命溫柔。那些生命脆弱的時刻，都讓我們因此更透徹人心，更懂得人都有其限制和不足**。

當生命眞的跌落了，暫時無法再堅強奮鬥時，我們仍會以尊重的心，好好呵護、好好照顧生命。

如果，你願意去感受、去經驗自己的脆弱，而不是繼續以強大的壓制，逼迫自己只能硬撐、不能示弱，那時，你會在脆弱的體會中，對生命有了一種包容及了悟——人活著，都無法永遠完美堅強。**當我們有力量時，奮身為生命努力；當我們脆弱時，溫柔呵護生命**。

接受眞正的自己，就是無論堅強或脆弱，你都接納任何面貌的自己。那些在生活中的脆弱經驗，不再是出現來羞辱你或斥責你，而是要你體會自己內心的溫柔。面對生命受苦的經歷，我們都會無助、害怕，也會有慌亂不安的時刻。阻斷對自己的情感，像個不倒金剛般活著，只會讓我們因此疏忽自己、漠視自己。

如果我們能打開情緒感受的心防，我們就會知道，情感，正是我們之所以是活人，很重要的原因。

因為——壓抑，無法有真實的情感

我曾跟你一樣脆弱

為了讓自己因應生存的難關，及各式各樣的現實問題，
我要自己不要有太多感覺，盡量把注意力放在做事上面。
但是，生活中總是會發生各種情緒。
我拚命說服自己，我的感覺不對，
我要多為別人著想，我要做個懂事的人。
我要盡快讓情緒消失，這樣才對。

記得嗎？你小時候在家，除了要乖、要聽話、不要吵的要求和命令外，事實上，你不被允許是你自己。你鮮少被關心，很少被傾聽，大人總是有許多期待在你身上，

卻從來不認識眞正的你。

每一天，沒有多少陪伴，也不了解你內在的想法和感受是什麼。不論你表達什麼，好的感受、壞的感受，都不被允許，總是有人對你的表達加以糾正，甚至訓誡你，小孩怎麼會有那麼多意見？那麼吵？有那麼多話要說？

當你感到難過、傷心哭泣時，周遭環境中有大人對你說：「哭什麼，立刻閉嘴！再哭，等一下就揍你。」

當你感到生氣不平，大人又對你說：「生什麼氣！壞脾氣，這麼愛計較。」你的家、你的環境，總是不允許你感受自己的內在，並且要求你，應該迅速結束這一切，終止你的情緒發生及情緒歷程。趕快沒事就對了。趕快解決，恢復你該有的表現。

但可不是發生負向情緒時，你才會遭斥責、不被允許。那種「你不可以經驗自己」的狀態，是全面性的。我們的家庭和社會，很自然地傾向剝奪每一個人的個體性與獨特性。

於是，當你感到興奮，開心地尖叫，樂得手舞足蹈，環境中的大人會對你說：

「三八什麼，有需要這麼興奮嗎？安靜一點不行嗎？」

當覺得有成就感，想要表示自己的成功和驕傲時，環境中的大人會對你說：「驕傲什麼，這一次成功不代表下一次？或許這一次只是你運氣好。」

總之，無論經驗到自己的內在有什麼情緒感受，很快地，就會被指正：不要那麼有感覺，也不要想太多。一切就只剩下你日常的作息、該盡到的本分、該做好的角色和任務。

這些情況如果時常出現，你就會以爲「有情緒」是不好的。有情緒，表示了你問題很多；有情緒，表示你的抗壓性不好；有情緒，表示你很會小題大作；有情緒，表示你太閒，或太敏感。

有沒有注意到，幾乎不需要特別教導，這些對情緒的「負面看法」就充斥在環境中。這是你從小到大，當有情緒時，被對待的經驗。讓你眞的以爲情緒是惹禍的東西，情緒會造成許多問題及麻煩。因此，你厭惡自己會感受到情緒，任何情緒對你而言，都是軟弱、不平穩、不夠好的表現。

你壓抑情緒，想要與情緒保持遙遠的距離。你用漠然來迴避自己的感受，也告訴自己：別想太多。你讓自己活在目標與任務裡，對你而言，生活就是完成一件一件的工作，照著行程表完成它們就對了。你也比較喜歡如此，不用感受自己的感受，也不需要去感受他人的感受。你把自己的情緒隔離在生活之外，對你而言，沒有什麼值得你大驚小怪，也沒有什麼值得你欣喜雀躍。

深層心理對話　關閉情緒感受力的內在小孩

深度迴避情緒，視情緒爲不好之物，而加以壓抑或隔離，往往來自於我們幼年所遭遇過的情緒傷害。不是我們所處的環境中，存在一位令人恐懼、想迴避的情緒爆發者，就是，幼年時的情緒發作曾帶來具攻擊性的傷害，造成我們內心對感受情緒產生了陰影。

不論是哪一種，壓抑情緒感受，往往是爲了迴避感受「痛苦」。比如，長期在大吵大鬧家庭中的小孩，時常要目睹家庭衝突或父母彼此攻擊，甚至是必須面對雙親其中一方的失序、失控行爲，都會讓脆弱的孩子內心感到痛苦不已。

那些情境所製造出的驚嚇、恐懼、不安情緒，都是強大的壓力，導致身心產生痛苦的不適感，亟需某個照顧者來安撫和協助調節。但是，若沒有這樣一個照顧者存在，孩子就只能獨自忍受著那些「痛苦」，並深受「痛苦」的干擾和折磨。

爲了生存，爲了不要處於長時間的反覆威脅中，個體只得關閉感受能力，讓自己不要處在壓力沉重的情緒當中，反覆受怕、受傷害。慢慢地、漸漸地，便會開始以無感來因應一切；不帶有感覺地因應各種狀況、處理事情。

無感、將自己的情緒抽離、以冷漠來因應外界，無非是爲了避免「痛苦」。長期經歷「痛苦」，必然會讓我們的生存受到威脅，造成精神混亂或精神崩潰。個體若要努力存活下來，就必須要隔離「痛苦」的感受。

但若是長期無感、長期情緒麻木呢？這會爲個體帶來什麼傷害？

壓抑情緒，原來的目的是爲了防衛生命免於受害，但當形成頑固的情緒抽離及無感時，它所傷害的是個體的關係，包括人際社交活動。

人與人的關係之所以能建立，並且創造出互動，其中很重要的因素，就在於人的情緒有連結和流動。也就是，我們能透過情緒的展現與情感傳遞，讓另一個人接收情感訊息，而與我們產生互動。

如果要有更深一層的關係，例如：親密關係，則情感上的流動要更頻繁。相互感受對方的感受、回應對彼此感受的理解，同時傳達我們的情感，是維繫兩人關係是否能緊密交流的重要關鍵。

不論是開心、喜悅、興奮，或是悲傷、煩憂、不安，如果沒有能力感受情緒，也就無法進一步回應情緒。少了相互回應情緒、連結彼此情感的過程，關係要如何維持親密呢？又如何能在關係中，彼此了解、彼此陪伴呢？

你可以這麼做　**把情緒還給自己**

情緒，既然是來自每個個體的內在（大腦），由個體產生出來的，即使強烈隔離情緒、刻意不去感受，情緒卻並不會眞的就能消失。

這些情緒，往往被壓抑至潛意識層，透過夢境釋放，或者，壓抑到個體再也控制不住爲止。

適度信任情緒，讓情緒反應我們的內在狀態，能確保我們與自己連線。適度體會感受、接觸情緒，能幫助我們與他人形成情感連結，並產生共鳴。

無論是感受快樂、感受愛，或是感到痛苦、感到沮喪，情緒最重要的引發環節，是「感受力」。

「允許」自己去感受，細細反應、慢慢感受，我們才能開啓五官的感受接收。視、聽、味、嗅、觸，是我們感覺這個世界的媒介。痛覺，則讓我們產生對生命的疼惜與保護。

想開啓感受力，便要在視覺、聽覺、味覺、嗅覺、觸覺上，願意「停留下來」，好好感受。而不是用快動作、高速運轉作的行動，迴避、轉移掉自己的感受。

感受，與情緒不同，但兩者的發生具同時性。感受是生理回饋給我們的感覺，透過視覺、聽覺、味覺、嗅覺、觸覺，產生了生理上的反應。例如，當你透過觸覺（通常是皮膚）接觸冷空氣，生理上立刻會產生冰冷的感覺。

而情緒，由大腦的神經傳導物質調節，有血清素和多巴胺。當大腦產生這些物質時，我們的生理會有所反應，例如：多巴胺的分泌，可以讓我們身體上感覺到活力充沛，感受到一種動力，激勵我們的行動。而血清素的分泌，則幫助我們平穩，也幫助我們調適自己的狀態，因應生活的轉換。

血清素低落時，工作者會感受到生理上出現焦慮不安的情緒反應，感受到無所適從。長時間埋首一項工作時，血清素也會隨之降低，讓個體感受到生理上的疲憊，以至於效率大幅降低。

壓抑感受，其實是壓抑覺察，也就是不去感受自己的感受。長期壓抑之下，個體各個部分的功能也就無法彼此連結、相互統整，所形成的自體分裂狀態，將讓認知、情緒、感受、行動各做各的，各自爲政，而造成混亂與不協調。

想要擁有一個完整的自己，就需要認識：什麼是「完整」？什麼是一個完整的人與生俱來的能力？什麼是一個人不能被抹滅，也不能被去除的部分？限制思考、剝奪感受、抑制情緒、控制行動，那麼人的存在，還能說是一個完整的人嗎？

還給自己擁抱情感的權利，還給自己可以感受的權利，如同允許思考的自由、自主一樣，這都是我們維護一個人「可以做自己」，最基本的尊重與賦權。

你，願意這樣對待自己嗎？

願意將自己看待爲一個「完整的人」嗎？

因為──害怕分離的焦慮

我曾跟你一樣脆弱

生命中的許多失落及分離事件，讓我對於分離特別覺得難受。與同學、朋友的分離，總會讓我頻頻回頭，疑惑著，他們會像我一樣捨不得分開嗎？然後，我看見他們頭也不回的背影，嘲笑著我的多情和愚蠢。

為什麼你對於他人的離去，總有種「早知道會如此」的感嘆？

你當然明白，在你生活中，他人總是任意來去。你猶記得自己還是小孩的時候，大人總是輕易把你放在某處，他們就此離去。沒有理由、沒有說明、沒有給你任何時間準備。

你試著追上他們，要他們別走，別丟下你。但是無論你跑了多久、多遠，他們離去的身影總是更快消失，彷彿怕被你追上似的。

最後，你總是只好放棄，即使臉上都是淚水，你也只能自己擦乾眼淚，轉身走向你該去的地方——那個你被遺留的地方。

久而久之，你不再跑、不再追了，對於任何人的離去，你心知肚明，你早知道，他們都留不久，有一天，有一刻，他們又會什麼也沒說，就轉身離去。

就算要傷心，好像也提不起勁。就算有一些失落或是沮喪，你也很快把它們壓到心裡的最底層。你告訴自己，這就是人生，這就是人不可完全相信的地方，他們給過的保證和承諾，本來就會改變，因爲這世上，沒有什麼是永遠不變的。

就算你曾經努力追過，但那些你執意要他回來的人，依然不再轉身。即使你曾有過一絲盼望，他不會這樣對你，但事實是，你們已經走在兩條沒有交集的平行線上，只是你的心，喚不回來。

這種早知道會被拋棄、被丟下的感覺，正顯示了你在人際關係中很需要一份依戀，如果沒有深刻而恆久的依戀關係存在，你就感覺不到自己，不知道自己是誰。你會因此慌張，感覺到自己的存在非常空虛，甚至感覺不到自己的存在，彷彿自己只是空氣，散在空中，根本就看不見形體。

對於分離的恐懼，會引發我們身心極度的不適與不安。那是種好像跟某人相依爲命的連結，突然要被切斷了。而切斷後，自己就成了被遺棄的人，沒有人管你死活，沒有人理會你到底在感受什麼？在經歷什麼？

這種害怕分離的焦慮，是一種想像中的焦慮，而不是現實中，你眞的會因爲失去誰，而活不下去。然而，這些想像的焦慮，卻提供給我們一些線索，了解到個體是否曾經經歷過「遺棄」的傷痛？

害怕分離，就是害怕「遺棄」的感覺。不論個體幾歲，對個體而言，他總是坐在孩子的位置，感受到他人的離去和背棄。對他而言，分離的經驗，從來不是兩個有能力照顧自己的人的分開行動，及各自面對現實生活的情況。

唯有持續坐在「弱者」的位置上，分離才會是帶來傷害和失去。而分離所帶來的傷害和失去，則會讓弱者，進入「受害」的情緒，遲遲無法撥雲見日。

害怕分離的人，往往有著依賴的需求，對他而言，單靠自己的存在，是很不妥，也很不足的。即使現實生活中，他有工作能力，也有社交能力，但是，只要身邊少了一個關係很緊密的人，無法在情感上獲得依賴，他就很容易會感受到內在的脆弱和空虛寂寞。

而這種內在的貧乏感，會讓個體持續經驗到缺乏感與失落感。同時，會合併產生囤積物品、任何物品都無法割捨的情況。這是來自內在持續感受到缺愛，無法面對失去，更無法面對空乏的自己。如果沒有一個對象可以產生依賴關係，就只好寄情於物質，透過物品的累積、儲存，來讓自己以爲仍是「擁有」什麼，沒有全然失去。

所以，害怕分離的人，同時也反應出他覺得自己擁有的總是不夠。內心的語言常是：「我要，我要，我要很多，我還要……」對他們來說，不知道什麼叫做「夠了」，他們幾乎很難爲自己喊停，也很難對別人喊停。他們無法清楚意識到，究竟自己是眞的需要，還是一種幻想中的缺乏，驅使著他們去要更多，或是鎖定某個人、某些關係，來讓自己依賴。

深層心理對話　活在被拋下的心理陰影中

如果只是不斷停留在害怕分離的恐懼裡，未能分辨出自己對於「遺棄」的敏感，也未能覺察出對自己感到貧乏和不足，那麼，爲了不要發生任何失去，就需要緊握住關係，死盯住關係，並且要關係中的對象，提供無盡的關注及不會遺棄的保證。

對於人與人之間有界線的存在，幾乎不能接受，也認爲沒有必要。如果是嚴重的依賴關係者，甚至會追求緊密的連繫，或無時無刻在一起，以確保不會有任何「離去」的發生。任何「離去」，都會讓他眼神黯淡，神情落寞。他完全不想終止任何處在關係中的時刻。停止關係的進行，回到各自的狀態，對他而言，就是被遺棄，就是必須經歷孤單。

如果，這是你的反應，而你願意面對自己長期以來無法獨立的情況，那麼，你需要好好回頭看見自己遭受遺棄的傷痛，那通常發生在五歲之前，也許是母親太早把關注力從你身上挪開（例如：弟弟、妹妹誕生），或是你非常依賴的父親，出差遠行，又或者你的父母親，突然之間，因爲忙不過來的原因，將你交給另一個家庭，另外的照顧者，而且時間還不短。

這些突然的分離和被拋下的記憶，都會強化內在覺得自己很不重要、很不被在乎的心理陰影。

但是，那些都是幼年時刻所遭遇的傷痛。如果讓傷痛主導我們的人生，就會永無止境地活在傷痛的恐嚇及陰霾中，無法找回真正的自己；那個值得你自己好好疼愛，好好支持的自己。

並且在生命的歷程中，不斷重複不健康的人際關係，反覆製造類似情境，誘發傷痛的再次出現，再次傷害你。

你可以這麼做　自己，是最需要好好連繫的對象

這些感受，像是不斷重演小時候的經歷和感受，讓你很不舒服。沮喪和難過也總是如影隨形地跟著分離的情節而來。但是不同的是，你可以告訴自己，他人雖然會離去，道別也總是不容易，但你知道，你越來越有力量接住自己，即使心回來得很慢，

你也會慢慢陪，慢慢等。

你知道，心是自己的，無論如何，你都不會離開自己的心，離開自己。即使，曾經望著那些離去的人，會讓我們以爲是自己不夠好，不值得對方留下。但現在的你，已經可以不這麼想了，你知道對方有自己的選擇和方向，他做了他的選擇，你也需要做自己的選擇。

而你的選擇，不再是執意等待，或追回他，而是眞正學會道別和祝福，爲彼此的生命交會，留下一個善了的句點。

然後，願意找到自己內在的力量，眞正的力量，而不是靠另一個人的存在，幻想他的強大和厲害，可以永遠保護你、滿足你。如果你內在願意開始轉變，將自己視爲一個最需要好好連繫的對象，並且了解，所有除你之外的任何人，都有他的步伐和方向，唯有你自己，可以始終保持與你連結、同在。那麼，請你開始累積與自己的關係，並且離開弱者的受害位置，不再將分離解釋爲遺棄。

然後，找回對自己生命的承擔力，成爲一個願意好好聆聽自己、感受自己、陪伴自己的人。讓你所需要感受到的關注、讚賞和喜愛，都由你自己開始給予和成全。

勇敢，創造你要的人生

生命的真實，
在於我們有創造、克服、忍耐、改變及愛的能力，
這都比我們經驗的苦難更強大。
——本・奧克里

所以——
溫柔對待，比要自己堅強更有力量

你的生命，一路走來，究竟是怎麼長大的？

究竟為了什麼在忙、在拚？

究竟為自己留下了什麼？

究竟是不是自己真正想要的人生？

你會怎麼回答？

你的答案裡，有越多「不得不」，有越多情非得已，你的不快樂感覺，和沮喪低落的反應，就會越強烈。

在這樣的答案裡，你的內在所說的是：「這世界對我有好多要求。這世界不是我可以掌控的。這世界總是發生許多讓我必須去犧牲、必須去承受的事，即使不關我的事。」

在這樣的反應裡，你有沒有看見一個人與世界之間的關係？世界，是控制他的；世界，是要求他的；世界，是他必須去服從和犧牲的。換言之，他和世界的關係，不是正向關係，而是操控的關係，剝奪及犧牲的關係。

在世界面前，這個人就像是俘虜或奴隸，失去自尊、失去自我價值，無法成就他個體的生命完成。

一個人與世界的關係，若是不和諧，他與自己的內在關係，也不會是協調的。當他覺得被世界壓迫欺負，他會因此覺得受害，接著開始同情自己或厭惡自己。無論是同情自己，或厭惡自己，都將使內在形成兩股勢力，分裂成好多不同的我，來指責自己，或憐憫自己。

如果，我們可以接受這個世界本來就有屬於它的樣貌，不論我們喜不喜歡，都是這世界的一部分。同時，接受這世界的種種景象或情境，提供我們一面鏡子，鏡射反饋給我們所認識或還不認識的自己，從中得到更多自我發現及自我探索。

那麼，所有發生過的事件、情境，就會有一個有價值的意義，讓你懂得看見自己，發展自己，並成爲眞正的自己。

所以，不要因爲這世界發生了不好的事，對你產生了傷害和逼迫，而反過來傷害自己。也停止在已經很難承受的情況下，給自己更多不合理的要求和指責。

有時候，混亂和失控，是為了找回新的秩序、建立新的結構。所以，找回自己的平和，陪伴自己走過生命裡，那些不容易經歷的時刻。

人生的歷程，不會總讓你快樂和愉悅，也不是永遠都能滿足你所渴求的願望。更多時候，人生其實充滿各式各樣的難題，讓人掙扎而矛盾，也讓人挫折而迷惘。許多時候，我們或許都不是眞的明白，究竟爲何那些人、那些事，要存在我們的生命中，莫名其妙地帶來許多破壞和傷害？

但是，即使再不明白，也無法找到眞正的答案。那些亂七八糟、狗屁倒灶的情況，也還是自顧自地發生、演變。無論如何，你還是要願意沉住氣，保守你的心，溫柔地對待自己。因爲唯有我們內心可以對自己柔軟，可以以愛接納自己，我們的內在才不會經歷四分五裂的衝擊，而支離破碎。

所以，與其要人生總是保持堅強，來面對所有混亂、充滿壓力的時刻，更重要的是，對自己要有一份情感，願意以溫柔支持自己、善待自己。

讓別人就只是「別人」，不是決定你生命是否平穩的那個人。讓你自己，帶著意識，開始學習將自己視為一個練習愛的對象。唯有你內心有溫柔及愛了，你的世界，也才開始會發生溫柔及愛。

所以——
建立以愛為基礎的人生，而不是恐懼

抱持著愛在人生運行，雖然有受騙、受傷的可能，但無時無刻以恐懼的心面對人生的人，則是處在巨大的痛苦和焦慮中，痛不欲生。

我們的內在，是生命的根基。內在若是布滿恐懼，則建造起來的生命，就必須是銅牆鐵壁，以防外界的攻擊和危害。就算是銅牆鐵壁，那也必須時時提防被侵入、被占領，而充滿戒備，活在不安中。

若我們的內在，是對生命的愛、對自己的愛，那麼，以愛爲基礎的生命，則會讓你有了活力和希望，讓你知道生命的方向，和想要完成的自己。

當然，在進行人生的過程，以愛做爲生命基礎，會讓人產生疑慮，會不會太單純地相信世界？會不會容易錯估來者究竟是友還是敵？

當你選擇以愛做爲生命根基時，受傷和受騙，就有可能會是代價。但受傷和受騙，並非是因爲你的笨、單純，或天眞。而是因爲那些傷害你、欺騙你的人，他們選擇那樣對待你。是他們的行爲，傷害了你，而不是你的單純、對愛的相信，傷害了你。

別因爲別人認同了傷害和欺騙的方法，產生對你的傷害行爲，你反過來推翻自己對愛的相信，不原諒自己的失誤，苛責自己爲何要錯誤信任別人，愛了錯的人。

如果，你知道，選擇信任和愛，是一種勇氣，也是你對自己的認同，那麼，保持讓愛在你的內在，成爲你生命的根基。而不是反過來認同了背叛和傷害、欺騙及詭詐。因爲選擇活在哪樣的世界，是你的選擇，也是只有你能決定的。

如果一時之間，你無法離開恐懼的世界，因爲你的內在根基布滿了恐懼，那麼，**要先願意訓練自己為有能力保護內在孩子的成人，也就是能承擔生命責任的大人。然後以這成人功能安撫內在的自己，同理、支持及鼓勵，陪伴自己每一天的生活**。承諾自己會保護自己，爲自己負起與這世界連繫、溝通、協調、合作的責任，然後陪伴內在準備好自己能夠面對生命的挑戰及成長。

所謂爲母則強，就是在心態上，眞正從需要被保護的「孩子」狀態，轉化爲一個有能力保護孩子的大人。如果你有要保護的人，你就會變得勇敢、變得強壯、變得冷靜。

如果，你要保護的人，你願意好好照顧的人，就是自己，你是否願意爲自己成爲強壯、勇敢、冷靜因應的人呢？

所以——以涵容，接納別人對你的失望

你若不敢讓人失望，你就難以做眞實的自己。因爲這世界上，最不缺少的就是要求你、期待你的人。

甚至在你身邊最親近的人，更是毫不猶豫地認定你應該如何滿足他。

如果，你害怕那失望的眼神，難以分辨那份失望是否眞的來自你的失責，你就會無法逃脫地陷落在自責與罪惡感的深淵，盡一切力氣想要滿足對方，讓對方不再顯露出否定與失望，以此來迴避心中害怕被討厭、被排除的恐懼。

「能夠」讓人失望、坦承讓人失望，接受他人的失望，是宣告自己分化與獨立的重要歷程。**也才能真正的認清自己的責任，為自己的生命負責及承擔**。

如果，你盡一切的力氣，爲了他人的認可而去討好，你終有一刻會陷入迷茫，不知道自己是誰？也不知道沒有了這些要求和控制後，你眞正想望的，會是什麼？

你無法決定他人到底要不要對你失望，無論他們使用多大的指控或訓誡，來威脅你。你眞正要做的努力是，別讓自己對你，失望。

當你可以把別人的失望，還給別人，你才能眞正開始，擁有自己，擁有自己要的人生。

同時，你也要能夠接受，涵容他人讓你感到的「失望」。

如果你也不願意認回「失望」是你的，你就無法承認，需要照顧及療傷的，是自己的心，自己的難受。

於是，爲了否認你的失望，爲了除去你的失望所帶來的不舒服感受，你抗議，怪罪那令你失望的對象，試圖要扭轉失望的感受或結局，卻遲遲難以承認自己失望，

認回自己的失望。

當你能承認，失望是「你」的情緒，需要由你安慰自己，爲自己的失望，給予自己一點空間傷心，也給予自己一些空間生氣。然後你調整了自己，明白自己的失望，正在告訴你，或許要改變方法、也許要改變方向，也許，你還需要摸索自己眞正要改變或表達的是什麼。

你越能接受失望的存在，就越能重新找到自己，重新帶自己再出發。

你能不再因爲抗拒失望的發生，拒絕承認自己的失望，你才能越容易接納自己，放開掙扎拉扯，重新牽住自己的手，帶自己再次創造，再去嘗試。

所以——完成自己，勇敢轉化

完整「成爲自己」的人，必定經歷過波折及艱難。但是，這些波折及艱難，是讓我們眞正認識自己的重要啓發。一次次的撞擊，一次次的撕開，終於撥開了過去層層的束縛和框架，卸下那些爲了生存所累積的厚重盔甲（外在包裝），看見了眞正的自己，是什麼？是誰？

成長的歷程中，我們都不是從誕生開始，就已經長成了自己。

眞正完成自己，需要歷經鍛鍊、學習，也需要足夠的經驗，來累積生命的頓悟。而肉體都是會老去、退化的，眞正能讓我們感受到成爲自己的，是意識上的轉化。突破框架、解除制約，從那些被桎梏的處境裡，眞正爆發力量，並且轉化，成就自己的完成。

尼采將人的精神意識進化分爲三個型態。

第一種型態是：駱駝。

在這階段裡，我們盡可能地承載父母親及前人所給予的模式。我們承接智慧，同時也吸收他們的無意識、偏見與壓抑。身爲「駱駝」時期，我們總在說「是」，毫不懷疑地接受，使我們的意識停頓，也無法獲得成長。甚至承載來自前人的苦難，必須堅毅地背負關於那些苦難的苦痛。

第二型態是：獅子。

如果往前跨出一步，我們就會來到獅子階段。反叛、反對那些自然而然就加諸給你的，過去的價值觀及行爲。對「獅子」階段而言，獅子向那些壓抑、陳腐的、已習慣的安全感發出怒吼，反對傳統的包袱、既定的框架。獅子階段，我們的反對與反叛，勢必會爲我們帶來衝突與不舒服，從環境而來的指責及懷疑，也總是朝向我們。在進一步走向「成爲自己」之前，獅子階段是必經過程，然而，當我們因爲獅子階段的挫折與恐懼而滯礙難行，我們將退回駱駝階段，繼續承載那些前人的包袱，或是既定的價值觀。並且因此更加無力和無助，更加否定個體的獨特性存在。

第三型態是：赤子（孩童）。

我們的意識走到了赤子階段，我們眞正成爲自己。這個世界將由個體眞實地去經驗、眞實接觸、眞實感受。這個世界是新的，生命的體悟也將是全新的。我們成了一個全新的人。從此也將眞實擁有自己，透過自己的生命，累積自己的體驗，創造自己的經驗。然而，也可能因爲稚氣未脫，在未完成成熟轉化之前，過於純粹天眞，過於幻想，而忘卻眞實爲何。當轉化到赤子型態，你對於世界的認識都將歸零，全面重新啓動。你將定義你的世界，也將讓世界認識你。

不論你身處在何種型態，或歷經過什麼轉變的歷程，當你經歷精神意識的轉化，就無法避免地會走過駱駝及獅子型態。也唯有走過這兩個歷程，才能鍛鍊並累積眞實的轉化力量，獲得自我的眞實成長，完整成爲自己，成爲一個孩童的樣貌，眞正開始長大、成熟。

過去，我們可能都無意識地在等待某一個人，能接受我們所有的樣貌。無論是理智或感性、懂事或任性、剛強或脆弱、成熟或幼稚、友善或粗暴……如果有一個人，能懂得我的全部，不以某一面就評價我、判斷我，而是能與我的這種種面貌相處、回應，這是多麼讓人覺得安心、安全而幸福的事。

然而，在現實世界中，這是困難的。因爲每一個人都有他未解決、未整合的陰影性格，有未能接納的自己。於是，我們把這些未接納的自己投射在他人身上，去批評、攻擊、排拒，以此來區隔我和那些陰影性格的距離。

我們帶著未轉化的孩童人格，以期待有個完美強大父母的心，期待有這樣一個完美、寬大、慈愛、無條件給愛的人，來滿足我、愛我、呵護我……愛全然的我。卻持續失望、落寞、失落，再拚命追逐、要求、仇恨那些要不到、得不了。

如果我們想發展自己成爲獨立個體，有完整而合宜的人我關係，是否允許自己停下來，轉過身來面對自己，好好覺察，是否你拒絕愛自己、拒絕原諒自己，以至於還是拚命想外求，求外界的誇讚和接受？

內在孩童，是我們人格結構裡，過去「童年我」的樣貌，和過去時空下，留存的幼年性格。如果，那個孩童性格成長停滯，並且與個體產生了失衡的關係。那麼，想要讓幼兒性格因爲獲得照顧及陪伴，而重新長大，不再操控個體的認知思維、情感與行爲，使個體的自我處於分裂、失去功能的狀態，就需要我們自己願意學習，懂得如何去愛。

真正能給予我們無條件的愛的人，只有自己。學會理解、接納、擁抱、整合，我們才能經歷到內在的安穩，「完整」了自己。而外界給予我們的，無論是殘酷、無情、冷漠，或是熱情、友善、寬容，我們只需要去真實感受、真實接觸，而不需再把它當成評斷自己「值不值得被愛」的依據，傷害自己的自尊。

當我們懂了，如何完整愛自己，我們所愛的，就會是完整的自己。

所以——完整「是自己」！過你要的人生

假設，有人眞的不顧一切對你進行「被討厭的勇氣」，來表達他只在乎自己的決心，而不願意與你好好在關係中溝通，面對生活的問題。

那麼，我會這麼說：他既然有被討厭的勇氣，請你也要有勇氣，好好討厭他。討厭一個人若是眞誠的感受，那就不要去抑制跟粉飾。這也是你做眞實自己的表現。

只是，重要的不是聚焦在「討厭」的情緒上，讓情緒折磨自己。而是，在接納和承認自己的情緒之後，要誠實地回頭好好探究自己、面對自己。

讓情緒告訴你一些聲音，關於你的想法，和你的感受。

眞正認識清楚自己的底線，好好想清楚，你所認同的價值是什麼？對於你所面對的情況，你需要有所選擇，如何才是「好好做自己」？

如果，從這「討厭」的情緒裡，你能看見自己的內在陰影，也能辨識過去的制約對你的影響，那麼，你又因此認出自己更多的部分。不論你想鬆動那些制約，或卸下生存面具，只要能讓你實現眞正想要的生活，遇見原本的自己，這一切的混淆和混亂，就值得了。這就是「討厭」所帶來的禮物。

如果大家看過電影「腦筋急轉彎」（*Inside Out*），就知道，原始情緒包括：嫌惡（討厭）。就像討厭某些味道，某些情況，我們也會自然地討厭某種人。不需要刻意壓抑，但要在經歷的過程中，覺知自己。討厭，並不是要全盤否定一個人的存在價值，或許就是討厭他的某些行爲，或是某些你很難接受的部分。

當你能承認眞實的自己，不是帶著罪惡感，不是帶著自責，不是帶著批判，或是一堆不知從哪裡來的評價，拚命反駁自己、標籤自己時，你便已經可以開始好好做自己了。

美國《犯罪心理》影集中，某探員面對另一探員的某些行爲時（他們關係很親近），總會說：「有時候，你眞的很討厭。」而被說很討厭的探員，也只是聳聳肩、挑挑眉，沒有自尊受傷的反應。我想這就是健康的人際關係、健康的人我互動了。

每個人內在的眞實感覺，不會被解釋爲對另一個人的傷害，不會被指責：「你那樣說，很傷人。」而是確知，每個人都是一個獨立的個體，有自己的經驗，有自己性格，也有自己某些習慣，和爲人處事的方式。

如果我們沒有成熟的人格，足以尊重他人與我的不同，也無法尊重他人有自己生命的展現，我們就無法接納別人可以是「他自己」，當然也難以接受，我可以做自己。

最後，我要說的是，「做完整的自己」的課題及歷程，是眞實的人生經驗。沒有標準作業手冊，而是由每個人眞實去經驗，勇敢去創造的。

你的父母親，給你肉身，照顧你能夠存活並長大，但他們無法在你生命的最後一刻，爲你負責這個人生，是不是都如你想要擁有的。所以，你要透過自己的力量，創造生命的內容，以你整個人生旅程，創作屬於你的人生作品。

如果，你眞的想要擁有屬於自己的人生，成爲眞實的自己，那麼，我會說，去做、去試、去省思、去磨練，都好過原地不動。

就算有狂風一路呼嘯同行，那麼，請記得亞瑟．高登這段話：

逆境如強風。
扯去我們的外衣卻扯不走內心，
所以我們才能看見眞正的自己。

Eurasian Publishing Group
圓神出版事業機構
用心與你對話・網野無限寬廣

究竟出版社
Athena Press

www.booklife.com.tw reader@mail.eurasian.com.tw

心理 030

你過的，是誰的人生？：如實長出生命力量的5種鍛練

作　　者／蘇絢慧
發 行 人／簡志忠
出 版 者／究竟出版社股份有限公司
地　　址／台北市南京東路四段50號6樓之1
電　　話／（02）2579-6600・2579-8800・2570-3939
傳　　真／（02）2579-0338・2577-3220・2570-3636
郵撥帳號／19423061　究竟出版社股份有限公司
總 編 輯／陳秋月
專案企畫／沈蕙婷
主　　編／王妙玉
責任編輯／王妙玉
校　　對／蘇絢慧・王妙玉
美術編輯／李家宜
行銷企畫／吳幸芳・凃姿宇
印務統籌／劉鳳剛・高榮祥
監　　印／高榮祥
排　　版／杜易蓉
經 銷 商／叩應股份有限公司
法律顧問／圓神出版事業機構法律顧問　蕭雄淋律師
印　　刷／祥峰印刷廠
2016年5月　初版
2022年7月　13刷

定價 290 元　ISBN 978-986-137-220-4
版權所有・翻印必究
◎本書如有缺頁、破損、裝訂錯誤，請寄回本公司調換
Printed in Taiwan

讓別人就只是「別人」，不是決定你生命是否平穩的那個人。
學習將自己視爲你練習愛的對象。
唯有你內心有溫柔及愛了，你的世界，才開始會發生溫柔及愛。

——蘇絢慧，《你過的，是誰的人生？》

◆ **很喜歡這本書，很想要分享**

圓神書活網線上提供團購優惠，
或洽讀者服務部 02-2579-6600。

◆ **美好生活的提案家，期待為您服務**

圓神書活網 www.Booklife.com.tw
非會員歡迎體驗優惠，會員獨享累計福利！

國家圖書館出版品預行編目資料

你過的，是誰的人生？：如實長出生命力量的5種鍛鍊 / 蘇絢慧 著. -- 初版. -- 臺北市：究竟，2016.05
240 面；14.8×20.8公分 --（心理；30）
ISBN 978-986-137-220-4（平裝）

1. 自我實現　2. 生活指導

177.2　　105004676